30분
근로기준 법의 정석

일러두기

이 도서는 본문 내용 대부분이 기존 근로기준법 법제처 판례에 명시된
내용이기에 오탈자가 있어도 실제 판례 내용대로 그대로 명시했습니다.
현재의 어법과 맞지 않는 부분이 있습니다만 사실적인 부분에 초점을
맞췄음을 알려드립니다.

초판 1쇄 인쇄 2022년 12월 01일
초판 1쇄 발행 2022년 12월 09일
지은이 최상혁

펴낸이 김양수
편집 안은숙
교정교열 채정화

펴낸곳 도서출판 맑은샘
출판등록 제2012-000035
주소 경기도 고양시 일산서구 중앙로 1456 서현프라자 604호
전화 031) 906-5006
팩스 031) 906-5079
홈페이지 www.booksam.kr
블로그 http://blog.naver.com/okbook1234
이메일 okbook1234@naver.com

ISBN 979-11-5778-576-6 (03320)

직장인 누구에게나 꼭 필요한 내용을
사례 위주로 정리한

30분

근로기준 법의 정석

최상혁 지음

맑은샘

근고지영(根固枝榮)
[뿌리가 튼튼해야 가지가 무성하다]

어떤 모양으로 어디에 자리를 잡았든 뿌리가 튼튼하게 땅에 박혀 있으면 이것이 근본이 되어 가지와 잎이 무성하고 더 나아가 결실의 열매를 맺듯이, 무슨 일을 하든 기초가 튼튼해야만 좋은 성과를 거둘 수 있다.

운동을 처음 배울 때, 기초부터 가르치는 이유는 중도에 포기한 사람은 알지 못한다. 그 과정을 넘어서 인내한 자만이 그 기초의 중요성을 알 수 있듯이 죽을 때까지 살아가면서 가장 필요한 것이 무엇인지 생각해본다.

나는 나의 권리와 무지가 훼손당하지 않는 방법을 알려주기 위해 그동안의 직장생활을 하면서 현장에서 느끼고 겪은 일들을 통해, 누구나 알고 있다고 착각하는 훈민정음 같은 기본적인 '근로기준법'을 근로자에게 도움이 되게 현장에서 실제로 접했던 사례들로 정리했다.

전문가들이 작성한 서술형에 비교하면, 부족하거나, 내용이 빈약할 수 있으나 현장에서 많이 접하는 문제(관련 조항에 근거)에 준하여 정리하여, '~카더라'는 의견을 최대한 배제하였고 사회초년생에서부터, 현직에 근무하는 직장인까지 도움을 주고자 하였다.

어려운 내용은 제외하고 지하철에서도 가볍게 볼 수 있도록 쉽게 설명했으며 사무실 책상에 두고 찾아보기에도 편하게 의도하였다.

살면서 자연재해를 피할 수는 없다. 피해를 최소화하는 방법이 대응법이 듯 다른 사람 주머니돈을 받아내기 위해서는 상상하기도 어려운 많은 난관과 사회적 무시를 우리는 접하게 될 것이다.

이 책이 그 작은 역경에 조금의 도움이 되길 바랍니다.

CONTENTS

제2장 — 근로계약

제3장 — 임금

제5장 — 여성과 소년

제6장 — 안전과 보건

근로기준법 해당조항 요약본

	사안	관련 규정
근로기준법	사용자가 근로자 폭행	제8조(폭행의 금지) − 5년 이하의 징역 5천만원 이하 벌금
	정당한 이유 없는 징계, 전보 등 인사조치	제23조(해고 등의 제한)− 노동위원회를 통한 구제 가능
	임신 중이거나 산후 1년이 지나지 않은 여성에 대한 괴롭힘	제65조(사용 금지)− 3년 이하의 징역 3천만 원 이하 벌금(제109조) 제70조(야간근로와 휴일근로의 제한)− 2년 이하의 징역 2천만 원 이하 벌금(제110조) 제74조(임산부의 보호)− 2년 이하의 징역 2천만 원 이하 벌금(제110조) 제74조의2(태아검진 시간의 허용 등
	임금, 근로시간과 관련한 괴롭힘	제36조(금품 청산), 제43조(임금 지급), 제56조(연장·야간 및 휴일 근로)− 3년 이하의 징역 3천만 원 이하 벌금(제109조) 제50조(근로시간), 제53조(연장 근로의 제한), 제54조(휴게)− 2년 이하의 징역 2천만 원 이하 벌금(제110조)
	직장 내 괴롭힘	제76조의2− 직장 내 괴롭힘의 정의 및 금지 제76조의3− 직장 내 괴롭힘 발생 시 사용자의 조치의무제93조 제11호− '직장 내 괴롭힘의 예방 및 발생 시 조치 등에 관한 사항' 취업규칙 필수 기재
남녀고용 평등법	직장 내 성희롱	제12조(직장 내 성희롱의 금지)− 사업주: 1천만 원 이하 과태료(제39조제1항) 제14조의2(고객 등에 의한 성희롱 방지)
	육아휴직, 배우자 출산휴가, 난임휴가, 육아기간 근로시간 단축 등 모성 보호에 관한 괴롭힘	제18조의2(배우자 출산휴가) 제18조의3(난임치료휴가) 제19조(육아휴직), 제19조의2(육아기 근로시간 단축)제22조의2(근로자의 가족 돌봄 등을 위한 지원)

	사안	관련 규정
민법	직장 내 괴롭힘 행위 전반	제750조(불법행위의 내용)제751조(재산 이외의 손해의 배상)제756조(사용자의 배상책임
	괴롭힘 행위를 방조하거나 이를 방조한 사용자에 대한 사용자 책임안전배려의무 위반에 따른 책임	제756조(사용자의 배상책임) 제760조(공동불법행위자의 책임
형법	폭행, 상해	제257조(상해, 존속상해)– 7년 이하 징역, 10년 이하의 자격정지 또는 1천만 원 이하 벌금 제258조(중상해, 존속 중상해)– 1년 이상 10년 이하 징역 제258조의2(특수상해)– 1년 이상 10년 이하 징역 제261조(특수폭행) 등– 5년 이하 징역 또는 1천만 원 이하 벌금
	모욕, 명예 훼손	제311조(모욕)– 1년 이하 징역 또는 200만 원 이하 벌금, 제307조(명예훼손)– 2년 이하 징역 또는 500만 원 이하 벌금– 3년 이하 징역 또는 700만 원 이하 벌금
	협박, 강요	제283조(협박, 존속협박)– 3년 이하 징역 또는 500만 원 이하 벌금, 제284조(특수협박)– 7년 이하 징역 또는 1천만 원 이하 벌금, 제324조(강요)– 5년 이하 징역 또는 3천만 원 이하 벌금
	성폭행, 성추행	제297조(강간)– 3년 이상 유기징역, 제297조의2(유사강간)– 2년 이상 유기징역, 제298조(강제추행)– 10년 이하 징역 또는 1천500만 원 이하 벌금. 제303조(업무상 위력 등에 의한 간음) 등– 7년 이하 징역 또는 3천만 원 이하 벌금

근로기준법

[법률 제18037호, 2021. 4. 13]

제1장 ─ 총칙

제1조(목적)

이 법은 헌법에 따라 근로조건의 기준을 정함으로써 근로자의 기본적 생활을 보장, 향상시키며 균형 있는 국민경제의 발전을 꾀하는 것을 목적으로 한다.

제2조(정의)

① 이 법에서 사용하는 용어의 뜻은 다음과 같다.

1) "근로자"란 직업의 종류와 관계없이 임금을 목적으로 사업이나 사업장에 근로를 제공하는 사람을 말한다.

[사례1] 작업복, 보호구 착용 의무 부과, 탈의실에서 작업장까지의 이동시간, 분진작업(물뿌리기) 등은 사용자의 지휘명령 하에 있는 시간으로 평가될 수 있음. (일본 최고재판소 2000.3.9, 미쯔비시중공업)

> ▶ 근로기준법상의 근로시간에 대한 판례의 정의
>
> 근로자가 사용자의 지휘.감독아래에 근로계약상의 근로를 제공하는 시간을 말하는바 근로자가 작업시간의 도중에 현실로 작업에 종사하지 않는 대기시간이나 휴식·수면시간 등이라 하더라도 그것이 휴게시간으로서 근로자에게 자유로운 이용이 보장된 것이 아니고 실질적으로 사용자의 지휘·감독 아래에 있는 시간이라면 근로시간에 포함됨 (대판 1993.5.27, 92다24509, 대판 2006.11.23, 200641990)

2) "사용자"란 사업주 또는 사업 경영 담당자, 그 밖에 근로자에 관한 사항에 대하여 사업주를 위하여 행위하는 자를 말한다.

3) "근로"란 정신노동과 육체노동을 말한다.

4) "근로계약"이란 근로자가 사용자에게 근로를 제공하고 사용자는 이에 대하여 임금을 지급하는 것을 목적으로 체결된 계약을 말한다.

[판례1] 포괄임금 방식으로 지급한 초과근로수당이 실제 근로시간에 기초하여 근로기준법에 따라 산정한 금액보다 적을 경우 사용자는 그 미달되는 법정수당 금액을 지급할 의무가 있음. (대판 2010.5.13, 2008다6052)

[판례2] 근로자가 여러 해 동안 이의 없이 회사로부터 연장근로수당이 가산되지 않은 급여를 받아온 사정만으로는 근로와 회사가 묵시적으로 포괄임금제에 의한 임금 약정을 하였다고 볼 수 없음. (대판 2016.8.24, 2014다5098)

[판례3] 노사 합의로 실제 연장근로시간과 관계없이 일정 시간을 연장근로시간으로 간주하기로 합의한 경우, 근로자의 실제 근로시간이 합의한 시간에 미달하는 경우에도 약정된 연장근로수당을 지급해야 할 것이다. (대판 2016.8.29, 2011다37858)

[판례4] 근로시간의 산정 어려움 등의 사정이 없에도 포괄임금제 방식으로 약정된 경우 그 포괄임금에 포함된 정액의 법정수당이 근

로기준법이 정한 기준에 따라 산정된 법정수당에 미달하는 때에는 그에 해당하는 포괄임금제에 의한 임금지급 계약 부분은 근로자에게 불이익하여 무료화할 것이고, 사용자는 근로기준법의 강행성과 보충성 원칙에 의해 근로자에게 그 미달 되는 법정수당을 지급할 의무가 있다.(대판 2016.9.8, 2014도8873)

[판례 5] 연차휴가수당이 근로기준법에서 정한 기간을 근로하였을 때 비로소 발생하는 것이라 할지라도 당사자 사이에 미리 소정 기간의 근로를 전제로 하여 연차휴가수당을 임금이나 매월 일정액에 포함하여 지급하는 것이 불가능한 것은 아니며, 그와 같은 수당 등 지급방법에 관한 합의가 근로자의 연월차 휴가권의 행사를 금지하는 취지라고 볼 수 없으므로, 포괄임금제가 근로자의 연차휴가권을 박탈하는 것이라고 할 수 없다. (대법원 2011.5.26. 선고 2009도2357)

❓ 궁금해요 1 근로계약 작성시기 명확하게 규정한 근로기준법 조항?

① 근로계약서의 작성시기를 명확하게 규정한 근로기준법상 관련 조항은 없지만 사용자는 근로자가 본격적으로 일을 시작하기 전에 계약서를 작성해야 한다.

② 근로계약서 미작성 및 미교부 위반사항이 확인되면 500만 원 이하 벌금.

③ 고용보험 가입하지 않거나, 근로자의 입사 및 퇴사를 신고하지 않게 되면 최대 3백만 원 과태료.

④ 퇴사 후 14일 안에 임금·퇴직금을 지급하지 않는 경우 3년 이하의 징역이나 최대 3천만 원의 벌금형

⑤ 통상적으로 근로계약 미작성 벌금은 30만 원 정도 고지되며, 사업주 입장에서는 전과기록이 남음

▶ 포괄임금제도

연장근로수당을 비롯한 법정수당 등을 실제 근로시간에 상관없이 기본급에 포함하여 지급하거나(정액급제), 정액으로 지급하는(정액수당제) 임금지급 방식이다.

– 정액급제: 기본급을 미리 정하지 않은 채 법정수당을 합한 금액을 월급, 일당으로 지급

　ex) 1일 24시간씩 격일로 근무하기로 하고, 월 임금을 200만 원으로 함

– 정액수당제: 기본급을 정하지만 근로시간 수에 상관없이 법정수당을 일정 급여로 지급

　ex) 연장, 야간, 휴일수당을 기본금의 20%, 매월 30만 원으로 함

▶ 사무직 노동자는 관리자의 지배범위 내에서 근로를 제공하고 출퇴근·휴게시간이 명확히 정해져 있으므로 노동시간 산정이 어려운 경우로 볼 수 없으며, 근로기준법은 민법의 특별법으로 근로자를 보호하는 법이기에, 포괄임금제도에 대한 근로자의 명시적인 동의를 필요로 하며, 근로시간을 산정하기 어려운 경우에만 인정하고 있다.

ex) A회사를 퇴사하면서 근무기간 동안 받지 못했던 연차휴가수당 지급을 노동부에 진정 접수했다면, 노동부에서는 포괄임금제 계약의 유효성을 검토하겠지만, 판례는 포괄임금제도하에서 연차휴가 수당을 근로계약에 포함하여 선지급하는 것은 근로자의 연차휴가 사용권을 박탈하는 것으로 무효인 계약으로 하고 있습니다.

2017년 안** 대선후보가 포괄임금제 개선을 공약으로 내세웠던 적이 있다. 그러나 아이러니하게도 안랩에 포괄임금제를 적용하고 있는 해프닝이 있었다.

5) "임금"이란 사용자가 근로의 대가로 근로자에게 임금, 봉급, 그 밖에 어떠한 명칭으로든지 지급하는 모든 금품을 말한다.

[판례6] 어떤 물품이 근로의 대가로 지급된 것인지를 판단할 때는 그 금품 지급의무의 발생이 근로제공과 직접적으로 관련되거나 밀접하게 관련된 것으로 볼 수 있어야 하므로 이러한 관련 없이 그 지급의무의 발생이 개별 근로자의 특수하고 우연한 사정에 의해 좌우되는 경우에는 그 금품의 지급이 단체협약, 취업규칙, 근로계약 등에 의하여 이루어진 것이더라도 근로의 대가로 지급된 것으로 볼 수 없음.

임금인지 여부가 중요시 되는 주요이유는 임금이면 퇴직금 산정을 위한 평균임금에 포함되기 때문이다. (대판1995.5.12, 94다55934, 대판 1995.5.12, 97다5015, 대판 2002.10.25., 200두9717)

[판례7] 식사를 구내식당에서 현물로 제공하되, 근로자 구내식당을 이용하지 않을 때 개인적으로 지출해야 할 식사비 대금의 극히 일부만을 보조하고 있는 경우, 중식 자체와 식권환가금 모두 근로의 대가인 임금으로 볼 수 없다. (대판2006.2.23, 2005다54029)

[판례8] 근무 일수에 따라 일률적으로 식권이나 현금으로 지급한 중식대는 그 지급기준이 사용자의 의사에 달려 있었던 것도 아니고 실비변상적으로 지급된 것으로 보기도 어려우므로 회사의 지급의무가 있는 것으로서 임금. (대판 2003.2.14, 2002다50828)

[판례 9] 가족수당은 사용자에게 그 지급의무가 있는 것이고 일정한 요건에 해당하는 근로자에게 일률적으로 지급되어왔다면, 이는 임의적, 은혜적인 급여가 아니라 근로에 대한 대가의 성질을 가지는 것으로서 임금에 해당. (대판2003.6.27, 2003다10421, 대판2002.5.31., 200다18127)

> *식사를 하지 않아도 별도의 보상이 없으면 복리후생,*
> *식사를 제공하면서 식사를 하지 않으며 상응한 금품을 지급한 경우는 임금이다.*

[판례 10] 가족수당이 단체협약에 따라 배우자 4만 원, 자녀 1인당 2만 원씩 매월 지급되는 경우라면, 단체 협약에 의해 지급의무가 있고 일정한 요건에 해당하는 근로자에게 일률적으로 지급되는 금품으로 근로기준법상 임금에 해당하므로 평균임금 산정 시 포함하여야 할 것임. (2015.6.29, 근로기준정책과-2806)

❓ 궁금해요 2 자가운전보조금 임금?

A사는 부장급 이상 직원 중 자기 차량을 갖고 있으면 매월 30만 원을 자가운전보조비를 지급, 자기 차량이 없는 부장급 이상 직원과 차장급 이하 직원에게는 매월 교통비로 10만 원씩 지급하였다면, 자가운전보조비 30만 원은 임금인가?

차량보유 유무에 따라 차량보유자에게만 지급하거나, 차량을 업무용으로 사용하는데 필요한 비용을 보조했으면 임금이 아님.

❓ 궁금해요 3 의료법인의 임직원에 대한 의료비 감면액의 익금해당 여부

의료업을 영유하는 법인이 임직원에게 의료용역을 제공하고 의료보험 본인부담금의 일부를 경감함으로써 당해 법인에 귀속될 익금의 금액이 과소 계상된 경우에는 그 경감금액을 동 법인의 익금에 산입하며 법인이 근로자가 부담하여야 할 의료비를 대신 부담하는 경우 근로제공의 대가로 지급 받은 금전, 기타 경제적 이익 등으로서 소득세법 제20조[근로소득] 및 소득세법시행령 제38조[근로소득의 범위]에 의한 근로소득의 법 위에 해당하는 것입니다.(서면 인터넷 방문 상담2팀-1182006.06.05)

근로의 대가 판단요소(판례)	근로제공과 밀접한 관련이 없는 금품(판례)
• 계속적 · 정기적으로 지급 • 사용자에 지급의무가 있음 • 지급의무가 근로제공과 밀접한 관련이 있음	• 지급의무(지급사유) 발생이 개별 근로자의 특수하고 우연한 사정에 의하여 좌우됨 • 실비변상적으로 지급 • 의례적 · 호의적 · 은혜적으로 지급

6) "1주"란 휴일을 포함한 7일을 말한다.

[판례 11] 당직근무 시 수당지급 부분

일상적인 일 · 숙직 근로는 근로계약에 부수되는 의무로서 이행되어야 하는 것으로서 정상 근무에 준하는 임금을 지급할 필요가 없고, 할증임금이 지급되어야 하는 것도 아니라고 봄. (대판 1991.12.10, 91다18248:, 대판 1995.1.2., 93다46254)

대학병원의 임상병리사, 방사선사, 약사, 간호사 당직근무 시 가산임금 지급. 당직근무가 전체적으로 보아 근무의 밀도가 낮은 대기성의 단속적 업무에 해당하는 경우에도 실제로 방사선촬영, 병리검사, 투약, 긴급한 수술의 보조 등의 업무에 종사한 시간에 대해서는 가산임금이 지급되어야 함. (대판 1996.6.28., 94다14742)

▶ 일직과 숙직의 차이

「부산광역시교육청 당직 및 비상근무 규칙」제3조에 의거 일직은 토요일과 공휴일에 두며, 그 근무시간은 정상근무일의 근무시간에 준하며, 숙직은 정상근무시간 또는 일직근무시간이 종료된 때로부터 다음날의 정상근무 또는 일직 근무가 개시될 때까지로 본다.

---

7) "소정(所定) 근로시간"이란 제50조, 제69조 본문 또는 「산업안전보건법」제139조 제1항에 따른 근로시간의 범위에서 근로자와 사용자 사이에 정한 근로시간을 말한다.

8) "단시간근로자"란 1주 동안의 소정근로시간이 그 사업장에서 같은 종류의 업무에 종사하는 통상 근로자의 1주 동안의 소정근로시간에 비하여 짧은 근로자를 말한다.

❓ 궁금해요 4 계약직은 최대 몇 년까지 가능한가?

기간제법은 기간제 근로계약의 남용을 방지하기 위하여 기간제 근로자의 총 사용기간을 2년으로 제한하고 있다. (기간제법 제4조 제1항) 2년을 초과하여 기간제로 사용하는 경우 해당 기간제 근로자는 기간의 정함이 없는 근로계약을 체결한 근로자로 간주한다. (기간제법 제4조 제2항)

2년이 도래하는 (자동갱신)경우 계약기간이 정해지지 않은 무기계약
직 형태의 정규직이 된다.

단. 계약기간 제한 ① 예외규정은 사업의 완료 또는 특정한 업무의
완성에 필요한 기간을 정한 경우(기간이 정해진 건설회사나 프로젝트 수
행에 필요한 근로계약 체결)

② 휴직. 파견 등으로 결원이 발생하여 해당 근로자가 복귀할 때까
지 그 업무를 대신할 필요가 있는 경우이다.

▶ 근로시간 단축 관련 조항

육아기 근로시간 단축 기간 중의 근로시간은 주당 15시간 이상이어야 하고
35시간을 넘어서는 안 됩니다.
(「남녀고용평등과 일·가정 양립 지원에 관한 법률」제19조의2 제3항)
근로자는 육아기 근로시간 단축을 나누어 사용할 수 있습니다.
(「남녀고용평등과 일·가정 양립 지원에 관한 법률」제19조의4 제2항)
나누어 사용하는 1회의 기간은 3개월(근로계약기간의 만료로 3개월 이상 근
로시간 단축을 사용할 수 없는 기간제 근로자에 대해서는 남은 근로계약기간
을 함) 이상이 되어야 합니다.
(「남녀고용평등과 일·가정 양립 지원에 관한 법률」제19조의4 제2항)

---

② 제1항 제6호에 따라 산출된 금액이 그 근로자의 통상임금보다 적
으면 그 통상임금액을 평균임금으로 한다.

[판례12] 성과금은 임금?

지급 사유의 발생이 불확정적이고, 지급조건이 경영성과나 노사관

계의 안정 등과 같이 근로자 개인의 업무실적 및 근로의 제공과는 직접적인 관련이 없는 요소에 의하여 결정되도록 되어 있어 그 지급 여부와 대상자 등이 유동적인 성과급은 임금이 아님. (대판 2006.2.23, 2005다54029, 서울고판 2009.12.23, 2009누15007)

❓ 궁금해요 5 통상임금과 평균임금 적용 규정

통상임금	평균임금
• 해고예고수당(법 제32조) • 휴업수당(법 제45조) • 연장근로가산수당(법 제55조) • 야간근로가산수당(법 제55조) • 연차휴가 수당(법 제59조) • 연장·휴일근로에 대한 임금	• 퇴직금(법 제34조) • 휴업수당(법 제45조) • 연차휴가수당(법 제59조) • 휴업보상, 장애보상, 유족보상, 장례비, 일시보상, 분할보상 등 각종 재해보상(법 제81조~87조) • 감급의 제한(법 제98조)

※ 연차휴가수당은 2가지 중 어느 임금으로 주더라도 법 위반이 아니다. 통상임금이 그 기준이 되는 것이 일반적이다. 〈근로기준법 하강래 저 474p〉

❓ 궁금해요 6 한 달 미만 근무 시 월급 안분 계산방법

안분방법은 근로기준법에 별도로 정해져 있지 않음.

월급제 근로자는 월의 대소(28일~31일)나 월의 소정근로일수 및 휴일 수와 관계없이 소정근로시간을 정상적으로 근로한 경우에는 정해진 월급액을 받는 자이므로, 별도의 자체규정이 없는 한 근로일수에 대하여 일할계산 지급할 수 있으며, 별도의 자체규정에 명시된 바 있다면 동 규정에 따라야 하며… (근기 1455-24422, 1981.8.11.)

월급 일할계산 시 '월급액/역일수×1월 미만의 근무기간' 또는 '월급액/소정근로일×근로일수(근로일이 아니나 유급으로 처리되는 날 포함)'의 방법으로 일할계산하면 될 것으로 사료됩니다. 월급제 근로자의 경우 상기의 행정해석대로 임금을 일할계산하여 지급받으시길 바라며 임금이 최저 시급이 아닌데 최저 시급으로 지급하는 경우라면 임금 체불의 여지가 있습니다. (고용노동부 민원마당)

> ■ 통상임금 : 근로자에게 정기적이고 일률적으로 지급하기로 한 시급, 일급. 주급, 월급으로 통상임금은 시간 외 근로수당, 휴일근로수당, 연차근로수당 등 법정수당을 계산하는 기준이 되며, 통상임금에 포함되는 수당은 식대, 직책수당, 자격수당, 업무수당(업무능률 향상목적으로 근무성적에 관계없이 지급되는 수당 포함)과 통상임금에 포함되지 않는 수당은 상여금, 업무능력에 따라 지급되는 업무장려수당, 실비변상적인 수당으로 구분된다.
>
> ■ 시간당 통상임금 = 기본금+고정수당+연간 정기상여금(상여금/12)/209

[판례13] 통상임금에 관한 대법원 전원합의체 판결 선고

정기 상여금이 통상임금에 해당함을 명확히 인정하고 그 외에 어떠한 임금이 통상임금에 포함되는지 여부에 관한 판단 기준을 제시하면서 다만 정기상여금을 포함한 통상임금에 기초한 추가임금 청구가 신의성실의 원칙에 위반될 수 있다는 점을 밝힘.

(제1판결: 대법원 2013.12.18. 선고 2012다89399 전원합의체 판결)

(제2판결: 대법원 2013.12.18. 선고 2012다94643 전원합의체 판결)

❓ 궁금해요 7 통상임금과 관련된 각종 수당 지급기준

임금	지급기준
• 해고예고수당 • 휴업수당 • 연장, 야간, 휴일근로수당 • 연차수당 • 출산휴가급여(고용보험법 제76조) • 육아휴직급여(고용보험법 시행령 제95조)	• 1日 통상임금×30日 • 통상임금의 100%×휴업일수 또는 평균임금의 　70%×휴업日수 • 시간당 통상임금×연장, 야간, 휴일근로×50% • 1日 통상임금×미사용 연차휴가일수 • 1日 통상임금×90日(상한액 별도) • 1日 평균임금×30日×40%(상한액 별도)

✔ 2023년 최저시급은 9,620원
　– 최저임금 : 2,010,580원
　– 비과세 식대 포함하지 않고 1일 8시간, 주5일근무 가정)
　– 9,620원 X 209시간 = 2,010,580원

　※ 209 = [(주40시간 + $\frac{40}{40}$ X 8시간) X 52주 + 8시간(근로자의날)] /
　12개월 = 208.6 시간 ⇔ 209시간

✔ 비과세 식대 20만 원의 최저시급 포함 여부
　– 비과세 식대 20만 원이 최저시급에 포함되려면 일정한 요건을 충족해야 하며
　– 요건을 충족하여도 20만 원 전액이 최저시급에 포함되는 것은 아니며
　– 일정기준을 초과하는 금액만 최저시급에 포함할 수 있음.
　– 미산입 비율

구 분	2022년	2023년	2024년
미산입비율	2%	1%	0%

✔ 식대는 근로기준법상 통상임금에 해당되며, 2022.8.2 소득세법 개정안 국회
통과로 비과세 식대 20만원으로 상향조정
아르바이트 3.3%(지방소득세3%, 지방주민세3%) 원천징수 근거는 프리랜서(자영
업자)본 것이며, 이 경우 5월에 종합신고를 통해 세금을 돌려받을 수 있다.
*4대보험 가입을 하지 않으려 편법운영인 경우가 많습니다.(알바 4대보험 가입
의무없음)

제3조(근로조건의 기준)

이 법에서 정하는 근로조건은 최저기준이므로 근로 관계 당사자는 이 기준을 이유로 근로조건을 낮출 수 없다.

제4조(근로조건의 결정)

근로조건은 근로자와 사용자가 동등한 지위에서 자유의사에 따라 결정하여야 한다.

> **▶ 아시아경제, 2022.09.13. 기사 中**
>
> "업무의 연장선" vs "사람 하는 일, 칼 같기 어려워"…
> 퇴근 후 카톡, 어떻게 생각하십니까?
> 근무시간 외 통신수단 통한 업무지시 금지 법안 발의 직장인 절반 이상, '업무용 메신저로 카톡 사용' '업무시간 외 메신저 받은 경험 있다' 83.5%
>
> 노웅래 더불어민주당 의원은 22년 9월 8일, 근로시간 외에 카톡 등 통신수단을 이용한 업무지시를 금지하는 '근로기준법' 일부 개정법률안을 대표 발의했다. 개정안은 근무시간 외에 반복적으로 업무지시를 내리는 것을 규제 대상으로 한정, 이를 위반할 경우 500만 원 이하의 과태료를 부과하도록 처벌 규정을 신설했다.

제5조(근로조건의 준수)

근로자와 사용자는 각자가 단체협약, 취업규칙과 근로계약을 지키고 성실하게 이행할 의무가 있다.

노동조합 및 노동관계조정법 제31조(단체협약의 작성)는 단체협약에 대해 서면으로 작성하여 당사자 쌍방이 서명, 날인하여야 한다고 규정하고 있으며, 같은 법 제92조 제1호은 이러한 단체협약을 위반한 자에 대해 1,000만 원 이하의 벌금에 처하도록 규정하고 있다.

[판례14] 채용내정을 취소하는 경우 실질적 해고에 해당?

인터넷 구직 사이트에 기재된 채용공고를 보고 응시한 사람을 면접한 다음 4대보험 취득신고를 마치고 회사의 기술자로 등록한 것은 채용내정통지를 한 것으로 근로계약관계가 유효하게 성립되었다고 보아야 함에도 회사가 해당 근로자에게 채용 계획을 없던 일로 하자고 통보한 것은 사실상 해고로서 부득이한 사유가 없는 이상 무효에 해당한다고 본 사례. (대구지판 20419.6.13, 2018가합972)

원고 회사의 경력직 채용절차에 근로자가 컨설팅 회사를 통해 지원하였고, 원고와 참가인 사이에 연봉에 대한 협의가 진행되던 중 원고가 참가인을 채용하지 않겠다는 통보를 발송한 사안에서, 채용확약서나 최종합격통지서 등이 교부된 사실이 없어 원고와 참가인 사이에 근로계약이 체결되었다는 사실을 인정할 수 없다고 보아 중노위 결정으로 취소한 판결. (서울행판 2017.7.13., 2016구합72624)

해석 1 ▶ 「근로자의 모집 및 채용에 있어서 여성에게 남성과 평등한 기회를 주지 아니하는 것」으로 추정되는 사례

① 여성에게 응모기회를 주지 않는 것 = 사무직 남자 0명, 병역필

한 남자에 한함 등

② 여성에 대하여만 제한적 조건을 둔 모집·채용 = 여자는 25세 이하, 여자는 미혼에 한함. 용모단정한 자

③ 모집. 채용 시 [남성]을 요건으로 표시 = 남자 환영, 남자에 적합한 직종

④ 직급·직위에 차등을 둔 모집·채용 = 사무직 5급: 고졸 남자, 사무직 6급: 고졸 여자

※남녀고용평등법 제6조에 규정된 모집·채용 시 차별금지에 위반한 사용자에게는 500만 원 이하의 벌금에 처한다. (노동부 예규 제422호)

▶ **남녀고용평등법 제6조[모집과 채용]**

① 사업주는 근로자의 모집 및 채용에 있어 여성에게 남성과 평등한 기회를 주어야 한다.

② 사업주는 여성근로자를 모집·채용함에 있어서 모집·채용하고자 하는 직무의 수행에 필요로 하지 아니하는 용모·키·체중 등의 신체적 조건, 미혼조건, 기타 노동부령이 정하는 조건을 제시하거나 요구하여서는 아니 된다.

▶ **헌법 제11조(국민의 평등, 특수계급제도의 부인, 영전의 효력)**

① 모든 국민은 법 앞에 평등하다. 누구든지 성별·종교 또는 사회적 신분에 의하여 정치적·경제적·사회적·문화적 생활의 모든 영역에 있어서 차별을 받지 아니한다.

▶ 채용절차의 공정화에 관한 법률 (약칭: 채용절차법)

제4조(거짓 채용광고 등의 금지)
① 구인자는 채용을 가장하여 아이디어를 수집하거나 사업장을 홍보하기 위한 목적 등으로 거짓의 채용광고를 내서는 아니 된다.
② 구인자는 정당한 사유 없이 채용광고의 내용을 구직자에게 불리하게 변경하여서는 아니 된다.
③ 구인자는 구직자를 채용한 후에 정당한 사유 없이 채용광고에서 제시한 근로조건을 구직자에게 불리하게 변경하여서는 아니 된다.
④ 구인자는 구직자에게 채용서류 및 이와 관련한 저작권 등의 지식재산권을 자신에게 귀속하도록 강요하여서는 아니 된다.
제4조의3(출신지역 등 개인정보 요구 금지) 구인자는 구직자에 대하여 그 직무의 수행에 필요하지 아니한 다음 각 호의 정보를 기초심사자료에 기재하도록 요구하거나 입증자료로 수집하여서는 아니 된다.

 1. 구직자 본인의 용모 · 키 · 체중 등의 신체적 조건
 2. 구직자 본인의 출신지역 · 혼인여부 · 재산
 3. 구직자 본인의 직계 존비속 및 형제자매의 학력 · 직업 · 재산

제7조(전자우편 등을 통한 채용서류의 접수)
① 구인자는 구직자의 채용서류를 사업장 또는 구인자로부터 위탁받아 채용업무에 종사하는 자의 홈페이지 또는 전자우편으로 받도록 노력하여야 한다.
② 구인자는 채용서류를 전자우편 등으로 받은 경우에는 지체 없이 구직자에게 접수된 사실을 제1항에 따른 홈페이지 게시, 휴대전화에 의한 문자전송, 전자우편, 팩스, 전화 등으로 알려야 한다.

제9조(채용심사비용의 부담금지)

구인자는 채용심사를 목적으로 구직자에게 채용서류 제출에 드는 비용 이외의 어떠한 금전적 비용(이하 "채용심사비용"이라고 한다)도 부담시키지 못한다. 다만, 사업장 및 직종의 특수성으로 인하여 불가피한 사정이 있는 경우 고용노동부장관의 승인을 받아 구직자에게 채용심사비용의 일부를 부담하게 할 수 있다.

제11조(채용서류의 반환 등)

① 구인자는 구직자의 채용 여부가 확정된 이후 구직자(확정된 채용대상자는 제외한다)가 채용서류의 반환을 청구하는 경우에는 본인임을 확인한 후 대통령령으로 정하는 바에 따라 반환하여야 한다. 다만, 제7조제1항에 따라 홈페이지 또는 전자우편으로 제출된 경우나 구직자가 구인자의 요구 없이 자발적으로 제출한 경우에는 그러하지 아니하다.

② 제1항에 따른 구직자의 채용서류 반환 청구는 서면 또는 전자적 방법 등 고용노동부령으로 정하는 바에 따라 하여야 한다.

③ 구인자는 제1항에 따른 구직자의 반환 청구에 대비하여 대통령령으로 정하는 기간 동안 채용서류를 보관하여야 한다. 다만, 천재지변이나 그 밖에 구인자에게 책임 없는 사유로 채용서류가 멸실된 경우 구인자는 제1항에 따른 채용서류의 반환 의무를 이행한 것으로 본다.

④ 구인자는 대통령령으로 정한 반환의 청구기간이 지난 경우 및 채용서류를 반환하지 아니한 경우에는 「개인정보 보호법」에 따라 채용서류를 파기하여야 한다.

제13조(입증자료 · 심층심사자료의 제출 제한)

구인자는 채용시험을 서류심사와 필기 · 면접 시험 등으로 구분하여 실시하는 경우 서류심사에 합격한 구직자에 한정하여 입증자료 및 심층심사자료를 제출하게 하도록 노력하여야 한다.

채용서류 반환에 관한 고지

1. 이 고지는 「채용절차의 공정화에 관한 법률」 제11조 제5항에 따른 것으로, 최종합격자를 제외한 구직자는 제출한 채용서류를 반환받을 수 있음.

2. 당사 채용에 응시한 지원자 중 최종합격이 되지 못한 지원자는 최종합격자 발표일로부터 3개월 이내에 제출한 채용서류의 반환을 청구할 수 있음을 알려드립니다. 다만, 홈페이지 또는 전자우편으로 제출된 경우나 지원자가 당사의 요구없이 자발적으로 제출한 경우에는 그러하지 아니하며, 천재지변이나 그 밖에 당사에게 책임없는 사유로 채용서류가 멸실된 경우에는 반환한 것으로 봅니다.

3. 채용서류 반환 청구를 하려는 지원자는 채용서류 반환청구서(채용절차의공정화에 관한 법률 시행규칙 별지 제3호 서식)를 자필로 작성(서명 포함)하여 당사로 팩스(051-851-7501) 또는 이메일(bisco@bisco.or.kr)로 제출하며, 제출이 확인된 날로부터 14일 이내에 지정한 주소지로 등기우편을 통하여 발송해 드립니다. 이 경우 등기우편요금은 수신자 부담으로 하게 되니 이 점 유념하시기 바랍니다.

4. 당사는 지원자의 반환 청구기간까지 채용서류의 반환을 청구하지 아니할 경우에는 「개인정보 보호법」에 따라 지체없이 채용서류 일체를 파기할 예정입니다.

– 2020년 6월 30일 부산시설공단 이사장 –

제6조(균등한 처우)

사용자는 근로자에 대하여 남녀의 성(性)을 이유로 차별적 대우를 하지 못하고, 국적·신앙 또는 사회적 신분을 이유로 근로조건에 대한 차별적 처우를 하지 못한다.

[판례15] 기간제근로자 임금 세부항목 미구분 지급 가능?

기간제근로자와 무기계약근로자의 임금지급과 관련하여 세부지급 항목이 중재하는 경우에는 각 세부지침 항목별 비교를 하면 될 것이나, 그렇지 않은 경우 범주화에 의한 비교방법이 있을 것임, 따라서 본봉과 수당을 묶어 범주화하거나 각 개별 수당을 묶어 범주화하여 차별 여부를 판단할 수 있을 것으로 보이며, 이 경우 범주화한 급여의 총액을 기준으로 정규직과 비정규직 간 합리적인 이유 없이 불리하게 처우하는 것이 아니라면 차별시정 대상이 되지 않을 것으로 판단됨.
(비정규직대책팀-2786, 2007.7.10)

[판례16] 여성이라는 이유로 임금에서 차별적 처우를 하는 것은 금지, 임금차액 지급 의무가 있음. (대판 2003.3.14, 2002도3883: 대판2011.4.28. 2011다6632)

해석 2 군복무기간에 상용하는 정도의 호봉을 부여하는 것은 군복무기간 동안 취업활동이 불가능함에 따른 보상차원에서 이루어진 것으로서 합리적인 이유가 있으나, 이에 더하여 군복무기간만큼 승진기간을 단축하는 혜택을 주는 것은 이중적 혜택 부여로서 합리성을 결여한 차별에 해당한다는 행정해석이 있음. (2007.10, 여성고용팀-723)

제7조(강제 근로의 금지)

사용자는 폭행, 협박, 감금, 그 밖에 정신상 또는 신체상의 자유를 부당하게 구속하는 수단으로써 근로자의 자유의사에 어긋나는 근로를 강요하지 못한다.

해석 3 근로자는 언제든지 자발적 퇴직이 가능한가?

민법 제660조 제1항은 "고용기간의 약정이 없는 때 당사자는 언제든지 계약해지의 통보를 할 수 있다"라는 규정하여 근로자에게 퇴직의 자유를 인정하고 있다.

하지만 제2항은 상대방(회사)이 해지의 통고를 받은 날로부터 1월이 경과 하면 해지의 효력이 생긴다고 규정하고 있어, 근로자가 퇴사의 의사표시를 한 후 회사가 승낙하지 않는 경우 한 달 후 퇴직의 효력이 발생한다고 명시하고 있어, 근로자가 퇴사를 위해 사직서를 제출하였음에도 회사가 이를 수락하지 않는다면, 사직서 제출일로부터 한 달여간은 근로계약이 유효하므로 근로자는 계약상의 의무를 성실하게 이행해야 분쟁에서 유리하다.

해당기간 일방적으로 출근을 하지 않는 경은 무단결근에 해당되며, 결근으로 인한 퇴직금 감면, 무단이탈을 이유로 징계 등의 불이익이 발생될 수 있다.

회사가 근로자의 결근으로 인해 직접적이고, 구체적인 손해액을 입증하기란 쉽지 않지만, 그 직무와 회사의 사정 등에 따라 회사가 구체적 손해액을 입증할 수 있는 경우도 있으므로 퇴직 시 주의해야 한다.

제8조(폭행의 금지)

사용자는 사고의 발생이나 그 밖의 어떠한 이유로도 근로자에게 폭행을 하지 못한다.

> ▶ 형법 제260조[폭행, 존속폭행]
>
> ① 사람의 신체에 대하여 폭행을 가한 자는 2년이하의 직역, 500만 원 이하의 벌금, 구류 또는 과료에 처한다.
>
> ▶ 형법 제283조[협박, 존속협박]
>
> ① 사람을 협박한 자는 3년 이하의 징역, 500만 원 이하의 벌금, 구류 또는 과료에 처한다.
>
> ▶ 형법 제268조[업무상과실, 중과실 치사상]
>
> 업무상과실 또는 중대한 과실로 인하여 사람을 사상에 이르게 한자는 5년 이하의 금고 또는 1,000만 원 이상의 벌금에 처한다.

제9조(중간착취의 배제)

누구든지 법률에 따르지 아니하고는 영리로 다른 사람의 취업에 개입하거나 중간인으로써 이익을 취득하지 못한다.

제10조(공민권 행사의 보장)

사용자는 근로자가 근로시간 중에 선거권, 그 밖의 공민권(公民權) 행사 또는 공(公)의 직무를 집행하기 위하여 필요한 시간을 청구하면 거부하지 못한다. 다만, 그 권리 행사나 공(公)의 직무를 수행하는 데에 지장이 없으면 청구한 시간을 변경할 수 있다.

해석 4 ▶ 재직기간 내 근로를 제공하지 아니한 경우 임금 지급?

근로를 제공하지 아니한 시간에 대한 임금지급 여부는 규정하고 있지 않아 무급으로 함이 원칙이나, 공직선거법 제6조에서 "타인에게 고용된 자가 선거인 명부 열람 또는 투표를 하기 위하여 필요한 시간은 보장하여야 하며, 이를 휴무 또는 휴업으로 보아서는 아니된다"고 규정하고 있어 선거에 필요한 시간을 보장하여야 할 뿐만 아니라 유급으로 처리함이 타당하다고 해석됨. (2006.5.29., 임금근로시간정책팀-1198)

※ 근기법 10조의 취지는 근로 관계의 존속을 전제로 하여 근로자의 공의 직무 집행을 보장하려는데 그 목적이 있는 바, 공직 취임에 의한 공의 직무 활동으로 사회 통념상 정상적인 근로관계가 유지되기 어렵다고 인정될 수 있는 경우에는 근로기준법 제23조에 따라 해고(통상해고)를 하거나 취업규칙 등에 의한 휴직처리가 가능할 것임. (2004.5.12, 근로기준과-2328)

제11조(적용 범위)

① 이 법은 상시 5명 이상의 근로자를 사용하는 모든 사업 또는 사업장에 적용한다. 다만, 동거하는 친족만을 사용하는 사업 또는 사업장과 가사(家事) 사용인에 대하여는 적용하지 아니한다.

② 상시 4명 이하의 근로자를 사용하는 사업 또는 사업장에 대하여는 대통령령으로 정하는 바에 따라 이 법의 일부 규정을 적용할 수 있다.

③ 이 법을 적용하는 경우에 상시 사용하는 근로자 수를 산정하는 방법은 대통령령으로 정한다.

제12조(적용 범위)

이 법과 이 법에 따른 대통령령은 국가, 특별시·광역시·도, 시·군·구, 읍·면·동, 그 밖에 이에 준하는 것에 대하여도 적용된다.

제13조(보고, 출석의 의무)

사용자 또는 근로자는 이 법의 시행에 관하여 고용노동부장관 · 「노동위원회법」에 따른 노동위원회(이하 "노동위원회"라 한다) 또는 근로감독관의 요구가 있으면 지체없이 필요한 사항에 대하여 보고하거나 출석하여야 한다.

제14조(법령 주요 내용 등의 게시)

① 사용자는 이 법과 이 법에 따른 대통령령의 주요 내용과 취업규칙을 근로자가 자유롭게 열람할 수 있는 장소에 항상 게시하거나 갖추어 두어 근로자에게 널리 알려야 한다.

② 사용자는 제1항에 따른 대통령령 중 기숙사에 관한 규정과 제99조제1항에 따른 기숙사 규칙을 기숙사에 게시하거나 갖추어 두어 기숙(寄宿)하는 근로자에게 널리 알려야 한다.

해석 5 ▶ 중소기업 기숙사 채권확보 방법

[근로자에 사택을 제공한 경우 전입신고(확정일자)를 통해 채권확보는 중소기업 법인 직원 전입신고로 전세임대주택 채권확보가 가능하다]

주택임대차보호법
제3조(대항력 등)

① 임대차는 그 등기(登記)가 없는 경우에도 임차인(賃借人)이 주택의 인도(引渡)와 주민등록을 마친 때에는 그 다음 날부터 제삼자에 대하여

효력이 생긴다. 이 경우 전입신고를 한 때에 주민등록이 된 것으로 본다.

② 주택도시기금을 재원으로 하여 저소득층 무주택자에게 주거생활 안정을 목적으로 전세임대주택을 지원하는 법인이 주택을 임차한 후 지방자치단체의 장 또는 그 법인이 선정한 입주자가 그 주택을 인도받고 주민등록을 마쳤을 때에는 제1항을 준용한다. 이 경우 대항력이 인정되는 법인은 대통령령으로 정한다. (개정 2015. 1. 6.)

③ 「중소기업기본법」 제2조에 따른 중소기업에 해당하는 법인이 소속 직원의 주거용으로 주택을 임차한 후 그 법인이 선정한 직원이 해당 주택을 인도받고 주민등록을 마쳤을 때에는 제1항을 준용한다. 임대차가 끝나기 전에 그 직원이 변경된 경우에는 그 법인이 선정한 새로운 직원이 주택을 인도받고 주민등록을 마친 다음 날부터 제삼자에 대하여 효력이 생긴다. (신설 2013. 8. 13.)

제2장 ── 근로계약

제15조(이 법을 위반한 근로계약)

① 이 법에서 정하는 기준에 미치지 못하는 근로조건을 정한 근로계약은 그 부분에 한정하여 무효로 한다.

② 제1항에 따라 무효로 된 부분은 이 법에서 정한 기준에 따른다.

❓ 궁금해요 8 실무자가 근로계약서 작성시 명시해야 하는 조항?

「회사가 근로자를 고용하게 된 중요 원인은 근로자의 "~~~경력"을 양 당사자는 분명히 인지하고, 근로자는 회사 측에 제공한 근로 이력이 사실임을 확인한다. 이 조항은 근로자의 경력이 사측 채용을 결정한 "중요한" 이유라는 것을 명백히 밝히는 것으로, 문제 발생 시, 해고가 아닌 근로계약의 취소를 쉽게 할 수 있도록 한 필요 조항이다.

[판례 17] 근로자가 본인의 경력을 속이고 입사한 경우와 관련한 대법원 판결 일부

이력서의 기재 내용과 달리 B씨의 일부 백화점 근무경력은 허위이고, A회사는 이 사실 확인 후 B씨를 해고하였다면. B씨의 부당해고 구제신청 결과 A회사가 B씨를 해고한 것이 부당해고라는 판단된 이유는 '절차상 위법' 때문이었다. 결국 A회사는 B씨를 해고한 이후부터 근로계약 취소통보 이전까지의 임금을 지급했다.

제16조(계약기간)

근로계약은 기간을 정하지 아니한 것과 일정한 사업의 완료에 필요한 기간을 정한 것 외에는 그 기간은 1년을 초과하지 못한다.

[판례18] 반복 갱신되는 계약직 근로자의 정규직 전환?

'반복 갱신되는 계약직 근로에 대한 정규직화 문제'가 해결되지 않고 있기 때문입니다. 물론 현재까지의 노동부의 행정해석이나 법원의 판단은 "단기의 근로계약이 장기간에 걸쳐서 반복하여 갱신되는 경우, 비록 기간을 정하여 채용된 근로자일지라도 사실상 기간의 정함이 없는 근로자와 다를 바가 없게 되는 것이고 이 경우에 사용자가 정당한 사유 없이 갱신 계약의 체결을 거절하는 것은 해고와 마찬가지로 무효로 된다."(1998. 1. 23. 대법원 97다42489)

> *갱신기대권에 대한 폭넓은 해석이 적용되므로, 사측은 해당 문구를 명시할 필요가 있다. 갱신기대권*

해석 6 ▶ 질병으로 인한 퇴사 시 실업급여 수령?

질병으로 이직한 경우 실업급여 신청의 필요서류에는 병원진단서, 의사소견서, 사업주의 질병퇴사확인서 등이 필요한데 병원진단서의 경우 고용지원센터 내부 안내문에 따르면 치료 예상기간이 퇴사일로부터 12주(13주가 아닌) 이상 되어야 한다고 명시되어 있다. 현장에서도 이 기준으로 안내를 하고 있다.(고용지원센터 내부 안내문)

제17조(근로조건의 명시)

① 사용자는 근로계약을 체결할 때에 근로자에게 다음 각 호의 사항을 명시하여야 한다. 근로계약 체결 후 다음 각 호의 사항을 변경하는 경우에도 또한 같다.

[판례19] 시용기간 내 본채용 거부?

시용에 있어 본채용 거부는 근로기준법 제30조 해고에 해당된다.(일본 최고재판 75.12.12) 시용에 있어서 [정당한 사유]의 범위가 넓다고 보아야 하며, 다만, 그 사유는 시용기간 중에 있어서 근무태도, 능력 등을 관찰한 후 앞으로 맡게 될 업무에의 적격성 판단에 기초를 두어야 하고, 객관적이고 합리적인 이유가 있어 사회 통념상 상당하다고 인정되어야 한다. (대판 90 가합18673.91.5.31)

수습근로의 경우 근로기준법 제35조 및 동법 시행령 제16조에 따라 해고예고의 적용제외 대상이며, 수습 사용한 날로부터 3개월 이내인 자로 정의하고 있다. 수습 근로자의 경우 계약직 근로자의 계약해지와 유사한 형태로 판단해, 계약기간 만료에 따른 계약해지로 근로계약을 종료하는 것이다.

채용요건의 서류, 이력서 미제출 또는 허위 제출한 경우 가능 본채용 거부 가능하며, 실질적으로 학력을 허위로 기재하는 경우가 실무에서 많이 발생된다.

▶ 제17조(근로조건의 명시) 위반 시 7일 내 시정지시, 불이행 시 입건(500만 원 이하 벌금)

▶ 기간제법 제17조(근로조건의 서면명시) 동일조항 위반 적발 즉시 500만 원 이하 과태료 처분

- 근로계약기간, 임금 근로일 및 근로일별 근로시간 위반: 50만 원(1차), 100만 원(2차), 200만 원(3차)
- 근로시간 · 휴게 · 휴일 · 휴가, 취업장소와 근로업무 위반: 30만 원(1차), 60만 원(2차), 120만 원(3차)

사업주는 1차 고발 시 30만 원 벌금을 납부하면 되나, 고용노동부에 신고가 접수된 상태이기에 검찰로 송치되거나, 검찰에서 벌금형을 받게 됩니다.

※ 정직원: 500만 원 이하 벌금, 기간제근로자·그 외 근로자: 500만 원 이하 과태료

해석 7 ▶ 전자근로계약서를 체결하면 근로계약서 작성조항 모두 이행?

회사가 근로기준법 제17조에 맞게 근로계약의 내용이 입력된 전자장치를 마련하여 근로자는 사원 인증 후 스마트폰으로 전자서명을 하게 한다면 유효한 근로계약체결로 볼 수 있으나, 이러한 전자근로계약서가 비록 근로자가 스스로 출력할 수 있는 상황이라 하더라도 회사 서버에만 저장되어 있다면 사용자의 교부의무를 다하였다고 볼 수는 없을 것임.

근로자가 전자근로계약서를 수신할 정보처리시스템(e메일 등)을 지정하게 하고 사용자가 해당 정보 처리시스템에 전자근로계약서를 입력(발송)한 때 사용자가 근로계약서를 교부한 것으로 볼 수 있을 것임. 만약 근로자가 정보처리시스템으로의 수신에 동의하지 않을 경우 사용자는 근로계약서를 직접 교부하여야 함.
(2016.10.12. 근로기준정책과-6384)

회사 홈페이지·내부전산망에 게시하여 열람할 수 있도록 하거나 근로자가 지정한 전자우편에 등재하거나, 취업규칙에 기재하여 언제든지 열람할 수 있도록 하다면 근로조건을 명시한 것으로 볼 수 있음.

1. 임금

[판례 20] 임의 근로계약 변경 및 강요.

회사가 참가인에게 기존의 근로조건을 임의로 변경, 소급 적용하기로 하는 내용의 근로계약체결을 강요하면서 참가인이 이를 거부하였음을 이유로 계약의 해지를 통고한 것은 원고 회사와 참가인 사이의 근로계약관계가 원고 회사의 일방적인 의사에 의한 것으로써 해고에 해당한다 할 것이다. (서울행법 2005구합18488. 2005. 11. 4. 선고)

❓ 궁금해요 9 연봉협상 시 근로계약서 매년 작성?

연봉제 근로조건을 채택하고 있지 않은 기업이나, 연봉제를 채택했더라도 임금. 근로시간. 휴일. 연차휴가 등 근로계약서 상에 변동이 없는 경우라면 근로계약서는 매년 작성할 필요가 없다.

근로기준법 제17조에서는 임금이 변경된 경우 이 부분을 명시한 서면을 근로자에게 교부하도록 정하고 있으므로, 연봉제에서는 근로시간 등의 근로조건은 그대로 두고 임금인 연봉액만 변경되었다면, 근로계약서 전체를 다시 작성하여 교부할 필요는 없으며, 연봉계약서만을 다시 작성하는 것도 가능하다.

❓ 궁금해요 10 연봉협상 시 계약연봉 삭감?

근로기준법 제4조(근로조건의 결정)에 의하여, 회사는 임금을 삭감하거나, 근로자가 만족하지 못하는 연봉협상안을 제시한다면 근로자는 거부할 수 있다.

기준근로조건이 저하되는 것으로 근로자의 개별 동의를 받아야 하고, 근로자 동의가 없는 경우 근로자의 임금수준은 협상 전의 조건으로 유지되며. 만일 근로자의 동의 없이 임금을 삭감할 경우, 임금체불 문제가 발생하게 된다.

연봉계약시 근로자가 근로계약서에 서명하기를 거부한다는 것을 이유로 해고(징계)하는 것은 부당해고가 될 가능성이 높습니다. 다만, 근로기준법 제17조에서는 사용자의 '교부의무'를 명시하고 있을 뿐 '서명 받을 의무'는 명시한 것이 아니기 때문에 명시하여야 할 사항이 적힌 서면을 교부하면 근로계약서 미작성 문제는 발생하지 않습니다.

2. 소정근로시간

3. 제55조에 따른 휴일

❓ **궁금해요 11** 월~금요일: 6시간 근무, 토요일: 3시간 근무 시 연차수당 계산 시 일 근로시간?

유급휴일, 연차휴가의 유급임금을 특정일 구분없이 정상근로일의 소정근로시간을 기준으로 산정하여 지급하는 것이며(근기01254-14463, 1990.10.17, 임금정책과-2492, 2007.7.7. 등) 통상근로자가 월~금까지 5.5시간, 토 2.5시간 근무를 시행하는 경우에는 정상근로일의 소정근로시간 5.5시간을 기준으로 주휴수당을 산정함이 타당하며~(근로기준정책과-3614, 2018.6.1.) 연차유급휴가는 "1일" 단위로 소정근로일에 부여하되, 동일의 소정근로시간만큼 연차휴가를 사용한 것으로 하며(근기 68207-3373, 2002.12.17.), 토요일에 연월차유급휴가 사용 시 추가로 4시간을 부여할 필요는 없다고 회시한 바 있습니다.(근기 01254-14463, 1990.10.17)

연차유급휴가는 시간개념이 아니라 "일" 개념으로 부여되는 것이며, 근로자의 1주 소정근로시간이 월~금 각 1일 6시간, 토요일 1일 3시간이라면, 정상근로일(월~금)의 소정근로시간 6시간을 기준으로 연차유급휴가를 산정하여야 할 것으로 사료됩니다.(고용노동부 민원마당 회신, 22.09.26)

4. 제60조에 따른 연차 유급휴가

[판례 21] 연봉에 연차수당 포함 지급 여부

"근로기준법상의 연·월차휴가제도와 관련하여 논의되고 있는 연차 또는 월차 유급휴가 근로수당 지급의 문제는 사용자가 불가피하게 휴가를 부여하지 못하고 근로자의 휴가청구권이 소멸된 경우에 제기될 수 있는 것임. 따라서 휴가청구권이 소멸되기 이전에 사용자가 미리 휴가수당을 지급하고, 향후 그만큼 휴가를 부여치 않기로 하는 것은 실질적으로 근로자의 휴가청구권을 제한하는 효과를 가져올 수 있어 연차 또는 월차유급휴가를 법정근로조건으로 설정하고 있는 근로기준법상의 휴가제도의 취지에 반한다고 본다.(법 위반에 해당될 수 있음)"(1997.09.04, 근기 68207-1182)

연차유급휴가에 대해 미사용 연차유급휴가 미사용수당을 월급여액 속에 포함하여 미리 지급하는 근로계약을 체결하는 것은 그 수당을 지급한 이후에도 해당 근로자가 연차휴가를 사용할 수 있도록 허용하는 경우에만 인정될 수 있을 것이며, 휴가 사용을 허용하지 아니한 경우에는 근기법상 근로자에게 인정된 연차휴가를 청구·사용할 권리를 제한하는 것이 되어 인정될 수 없습니다. (근로기준과-2734, 2010.12.16)

> 근로자가 수당을 지급받는 대신 연차휴가를 사용하기 원한다면 연차휴가 미사용수당을 환수하고, 근로자가 지정한 날에 연차휴가를 사용하게 해야 한다.
> 연차수당을 임금에 포함하더라도 근로자가 원하는 시기에 휴가권을 사용할 수 있도록 휴가권을 보장한다면 휴가사용으로 인해 이미 임금에 포함된 연차수당을 다시 반납해야 하는 상황이더라도 연차휴가규정에 위배되는 것은 아니다.

[판례 22] 미사용 연차 평균임금 반영?

근로기준법에서 월차휴가는 매월마다 발생하지만 그 사용은 매월마다 1일씩 사용할 수도 있고, 이를 1년 한도 내에서 적치하여 사용하거나 분할하여 사용할 수 있다. 월차휴가를 매월마다 1일씩 사용하는 것이 아니라, 월차휴가를 사용하지 않는 달의 휴가를 적치하여 사용한 경우, 이러한 경우에도 퇴직월 이전 3개월의 개근 여부를 따져 최종 3월 모두를 개근하였다면 3일분의 월차수당액을 2개월을 개근하였다면 2개월분의 월차수당액을 평균임금 산정 시 반영하면 된다. 최종 3개월에 개근하지 못하였다면 월차수당을 평균임금에 반영하지 않더라도 위법하지 않다.

▶ S건설사 취업규칙 조항 中

제77조 (연차유급휴가)

① 회사는 1년간 8할 이상 출근한 근로자에 대하여는 15일의 유급휴가를 주어야 한다.

⑥ 제①항 내지 제③항의 규정을 적용함에 있어서 다음 각 호의 어느 하나에 해당하는 기간은 출근한 것으로 본다.

1. 근로자가 업무상의 부상 또는 질병으로 휴업한 기간

⑩ 연차유급휴가의 계산기간은 매년 초일부터 매년 말일까지로 한다. 다만, 연도 중간에 입사한 근로자의 경우에는 그 입사한 첫해에 한하여 그 입사일로부터 그 해 말일까지로 한다. 이 경우 휴가일수의 계산은 그 근무일수에 비례하여 계산한다.

▶ B병원 취업규칙 조항 中

제26조(연차휴가의 사용)

④ 병원은 근로기준법 제61조에 따라 연차유급휴가 사용을 촉진할 수 있다. 병원의 사용촉진 조치에도 불구하고 직원이 사용하지 아니한 연차유급휴가에 대하여는 금전으로 보상 하지 아니한다.

⑤ 연차 사용은 4시간 단위로 허가할 수 있으며, 4시간(반일) 사용 휴가 2회는 연차 1일로 계산한다. 공공기관 직원연봉규정시행세칙 中

제24조(휴가보상금)

취업규칙 제26조 연차유급휴가 중 9일분에 대하여 보상금을 지급하되, 1일 단가는 규정 제14조에 의한다. 다만, 9일분을 초과하는 연차휴가일수에 대해서는 의무사용토록 하며, 미사용에도 보상하지 아니한다.

취업규칙 제26조 (연차유급휴가)

① 연차 유급휴가는 관계 법령에 의한다.

② 연차휴가 계산 기간은 전년도 입사일자부터 당해연도 입사일 전일까지로 한다.

퇴직 전 3개월의 기간 개근 시 그에 해당하는 연·월차휴가수당은 퇴직금 산정기초가 되는 평균임금계산에 산입하여야 한다. 연·월차 휴가수당이라 함은 근로자가 그 휴가를 이용하지 아니하고 계속 근로함으로써 사용자가 근로기준법에 따라 지급하는 금품으로써 그 성질상 근로의 대가로 지급하는 임금이라 할 것이나 월차휴가수당은 1월을 개근한 자에 대하여 당연히 발생하는 것이므로 이는 1년간 적치하여 사용하거나, 분할하여 사용하거나 근로자의 자유의사에 따르게 되어 있으므로 그 지급시기 및 지급 받을 자에 관하여 판시와 같이 제한하는 피고 회사의 내규가 있다 하더라도 이와 관계없이 원고들이 퇴직 전 3개월의 기간 개근을 하였다면 그에 해당하는 수당액은 이를 퇴직금 산정의 기초가 되는 평균임금계산에 산입하여야 마땅하다. (1982.11.23, 대법 81다카 1272)

5. 그 밖에 대통령령으로 정하는 근로조건

② 사용자는 제1항 제1호와 관련한 임금의 구성항목·계산방법·지급방법 및 제2호부터 제4호까지의 사항이 명시된 서면(「전자문서 및 전자거래 기본법」 제2조 제1호에 따른 전자문서를 포함한다)을 근로자에게 교부하여야 한다. 다만, 본문에 따른 사항이 단체협약 또는 취업규칙의 변경 등 대통령령으로 정하는 사유로 인하여 변경되는 경우에는 근로자의 요구가 있으면 그 근로자에게 교부하여야 한다.

해석 8 ▶ 서면작성 교부사항

임금의 구성항목, 계산방법, 지급방법, 소정근로시간, 주휴일, 연차
유급 휴가의 내용이 명시된 서면을 교부해야 함.(위 근로조건의 내용을
변경하는 때에는 서면 교부, 다만, 단체협약, 취업규칙, 노사합의서, 법령의 변경
에 의한 것일 때에는 근로자 요구가 있을 때에만 서면 교부)

※전자문서를 서면으로 봄.(2020.12.10. 시행 전자문서 및 전자거래 기본법)

제18조(단시간근로자의 근로조건)

① 단시간근로자의 근로조건은 그 사업장의 같은 종류의 업무에 종
사하는 통상 근로자의 근로시간을 기준으로 산정한 비율에 따라 결정
되어야 한다.

✔ 근로계약서 미작성 과태료 500만 원이며, 기간제법 제17조 위반 시 총
240만 원의 과태료가 부과될 수 있다.

✔ 기간제 및 단시간근로자 보호 등에 관한 법률 제17조(근로조건의 서면 명
시) 사용자는 기간제근로자 또는 단시간근로자와 근로계약을 체결하는
때에는 다음 각 호의 모든 사항을 서면으로 명시하여야 한다. 다만, 제6
호는 단시간근로자에 한정한다.
1. 근로계약기간에 관한 사항 → 50만 원
2. 근로시간 · 휴게에 관한 사항 → 30만 원
3. 임금의 구성항목 · 계산방법 및 지불방법에 관한 사항 → 50만 원
4. 휴일 · 휴가에 관한 사항 → 30만 원
5. 취업의 장소와 종사하여야 할 업무에 관한 사항 → 50만 원
6. 근로일 및 근로일별 근로시간 → 50만 원

✔ 기간제 및 단시간근로자 보호 등에 관한 법률 제24조(과태료)
② 다음 각 호의 어느 하나에 해당하는 자에게는 500만 원 이하의 과태
료를 부과한다.

---

2. 제17조의 규정을 위반하여 근로조건을 서면으로 명시하지 아니한 자
③ 제1항 및 제2항의 규정에 따른 과태료는 대통령령으로 정하는 바에 따라 고용노동부장관이 부과·징수한다.

② 제1항에 따라 근로조건을 결정할 때에 기준이 되는 사항이나 그 밖에 필요한 사항은 대통령령으로 정한다.

③ 4주 동안(4주 미만으로 근로하는 경우에는 그 기간)을 평균하여 1주 동안의 소정근로시간이 15시간 미만인 근로자에 대하여는 제55조와 제60조를 적용하지 아니한다.

❓ 궁금해요 12 단시간근로자의 15시간 미만 근로 시 주휴수당 지급 여부?

근로기준법 제18조 제3항에서는 4주 동안을 평균하여 『1주 동안이 소정근로시간이 15시간을 초과하는지 초과하지 않는지 기준으로 근로기준법 제55조(휴일) 사용자는 근로자에게 1주에 평균 1회 이상의 유급휴일을 보장하여야 한다.』을 적용하는지 여부를 규정하고 있다.

차수	근로시간	평균
첫째 주	총 13시간 근무	
둘째 주	총 19시간 근무	4주 평균 14.5시간
셋째 주	총 11시간 근무	
넷째 주	총 15시간 근무	

일반적으로 주휴일이 적용되지 않는 주 15시간 미만의 근로자에 해당하는지 여부는 "그 산정 사유가 발생한 날" 이전 4주간(4주간 미만으

로 근로한 경우는 그 기간)을 평균하여 결정되므로, 단시간근로자의 고용관계가 지속되는 한 각 주별 근로시간이 어떻게 배분되는지와 관계없이 산정사유가 발생한 날을 기준으로 위 원칙에 따라 판단하면 된다.

4주를 기준으로 근로시간이 15시간을 넘는 주가 절반을 차지하더라도, 전체 평균을 기준으로 15시간을 넘지 않으면 주휴수당이 발생하지 않는다고 보는 게 일반적인 행적해석이다.

> *주휴수당 지급조건*
>
> *- 1주일에 15시간 이상 근무했을 경우*
>
> *- 소정 근로시간 동안 개근했을 경우*
>
> *- 주휴수당이 발생한 다음 주에도 계속해서 근무할 예정일 경우*

제19조(근로조건의 위반)

① 제17조에 따라 명시된 근로조건이 사실과 다를 경우에 근로자는 근로조건 위반을 이유로 손해의 배상을 청구할 수 있으며 즉시 근로계약을 해제할 수 있다.

[판례 23] 근로계약은 낙성계약으로 청약에 따른 승낙으로 성립하므로 그 계약의 내용은 사용자와 근로자가 개별적인 교섭에 의하여 확정되는 것이 원칙이라 할 것이며(대법원1999.1.26.선고,97다 판결 참조), 청약은 이에 대응하는 상대방의 승낙과 결합하여 일정한 내용의 계약을 성립시킬 것을 목적으로 하는 확정적인 의사 표시인 반면 청약의 유인은 이와 달리 합의를 구성하는 의사표시가 되지 못하므로 피유

인자가 그에 대응하여 의사표시를 하더라도 계약은 성립하지 않고 다시 유인한 자가 승낙의 의사표시를 함으로써 비로소 계약이 성립하는 것으로서 서로 구분되는 것(대법원 2007.6.1. 선고2005다5812 판결)

[판례24] 사원 모집광고 또는 면접 시의 구두 약속은 특별한 사정이 없는 한 근로계약에 있어 청약의 유인 또는 준비 단계에 불과하고 그 자체로서 근로계약의 내용이 된다고 볼 수 없다.(서울행정법원 2009.3.26. 선고2008구합3860판결)

- 서전에 본채용에서 탈락하는 하위등급자 수를 정해 놓고 상대평가를 활용하는 경우(대법2002다6243)
- 평가항목이 불합리하게 채용기준 점수가 너무 높으며 근무평가 결과만으로 업무수행능력이 어떻게 부족하였는지 알수 없는 경우(서울행정 2006구합45968)
- 공개채용에 의해 선발한 수습사원을 채용 취소한 적이 한번도 없었던 사례(서울행정 2002구합7210)
- 대부분이 정성평가로 이루어져 있으며 평가서를 1人의 평가로 진행되는 경우(중앙2018부해183) 등은 평가방법의 공정성, 객관성을 담보할 수 없다는 다수의 판례 및 판정이 존재한다.

❓ 궁금해요13 채용 공고와 다른 내용의 근로계약 체결 시 대응?

법적으로 다른 내용의 근로계약을 체결한 근로자는 공고문의 내용을 이행하라고 요구할 수 없다.

채용공고는 일반적으로 모집인원, 담당업무, 지원자격, 차후의 근로조건 등에 대한 내용을 밝힘으로써 근로자의 입사지원을 유도하는 청약의 유인에 불과하다.   -법무법인 도율 김도현 변호사

❓ 궁금해요 14 면접 시 수습기간 안내를 받지 못한 상태에서 근로계약서 작성 시 수습기간 인지(급여 90%) 시 대응?

면접은 아직 채용이 확정된 단계가 아니므로, 면접 시 언급했던 근로조건은 근로계약 체결로 볼 수 없습니다. 다만, 채용절차법 제4조 제3항에 따라 회사는 근로자를 채용한 후에 정당한 사유 없이 채용광고에서 제시한 근로조건을 구직자에게 불리하게 변경하여서는 아니되므로 위반 시 500만 원 이하의 과태료가 발생합니다.

– 월드노무법인 차충현 노무사

▶ 채용절차 공정화에 관한 법률 제4조(거짓 채용광고 등의 금지)

① 구인자는 채용을 가장하여 아이디어를 수집하거나 사업장을 홍보하기 위한 목적 등으로 거짓의 채용광고를 내서는 아니 된다.

② 구인자는 정당한 사유 없이 채용광고의 내용을 구직자에게 불리하게 변경하여서는 아니 된다.

③ 구인자는 구직자를 채용한 후에 정당한 사유 없이 채용광고에서 제시한 근로조건을 구직자에게 불리하게 변경하여서는 아니 된다.

④ 구인자는 구직자에게 채용서류 및 이와 관련한 저작권 등의 지식재산권을 자신에게 귀속하도록 강요하여서는 아니 된다.

채용절차 공정화에 관한 법률 제17조(과태료)

② 다음 각 호의 어느 하나에 해당하는 자에게는 500만 원 이하의 과태료를 부과한다.

1. 제4조 제2항 또는 제3항을 위반하여 채용광고의 내용 또는 근로조건을 변경한 구인자

채용절차 공정화에 관한 법률은 상시근로자 30명이 근로자를 사용하는 사업장에 적용되며, 채용공고는 근로계약보다 우선하지 않음.

법인 각각 다르다 하더라도 인사, 회계가 독립되어 있지 않다면 하나의 사업장으로 해석될 수 있습니다.

그러므로 인사 및 회계가 분리되어 있지 않다면 부서이동의 개념으로 볼 수 있으며 근로관계의 변동이 없기 때문에 추후 실제 퇴직 시 퇴직금이 발생한다 볼 수 있습니다.

그러나 각각의 법인이 독립된 상황이라면 부서이동이 아닌 전적에 해당하기 때문에 원칙적으로 근로관계가 단절되는 것으로 볼 수 있으며 A법인 퇴직 후 B법인으로 신규입사가 되기 때문에 A법인 퇴직에 따른 퇴직금이 발생하는 것으로 볼 수 있습니다. 다만, 전적과정에서 고용승계 약정을 한다면 B법인이 A법인의 근속기간을 포함하여 추후 퇴직 시 전체 기간에 대한 퇴직금을 지급해야 할 것입니다.

계열사 내 전적의 경우 고용관계가 변경되기 때문에 해당 근로자의 동의가 반드시 필요합니다. (노동OK 한국노총 부천상담소, 2012.5.21)

② 제1항에 따라 근로자가 손해배상을 청구할 경우에는 노동위원회에 신청할 수 있으며, 근로계약이 해제되었을 경우에는 사용자는 취업을 목적으로 거주를 변경하는 근로자에게 귀향 여비를 지급하여야 한다.

제20조(위약 예정의 금지)

사용자는 근로계약 불이행에 대한 위약금 또는 손해배상액을 예정하는 계약을 체결하지 못한다.

[판례 25] 근로계약서에 무사고 승무수당 20만 원을 매월 고정적으로 지급하는 것으로 기재, 실제 근무성적에 따라 그 지급 여부와 지급액이 달라지지 않음, 그런데 근무 중 교통사고가 발생한 경우 실제 손해 발생 여부 및 손해의 액수와 관계없이 3개월 동안 매월 무사고 승무수당 20만 원을 임금에서 공제하기로 하는 약정은 근로기준법 제20조가 금지하는 근로계약 불이익에 대한 위약금 또는 손해배상액의 예정에 해당하며, 임금 전액 지급원칙에도 위반됨. (대판 2019.6.13. 2018도17135)

제21조(전차금 상계의 금지)

사용자는 전차금(前借金)이나 그 밖에 근로할 것을 조건으로 하는 전대(前貸)채권과 임금을 상계하지 못한다.

[판례 26] 임금 전액지급의 원칙(법 제43조 제1항) 위반 여부?

자녀 학자금 대부, 주택자금 대부 등 근로자의 자발적 동의가 있는 경우 합의에 의한 상계는 엄격한 요건 하에서 허용. (대판 2001.10.23. 2001다25184)

제22조(강제 저금의 금지)

① 사용자는 근로계약에 덧붙여 강제 저축 또는 저축금의 관리를 규정하는 계약을 체결하지 못한다.

② 사용자가 근로자의 위탁으로 저축을 관리하는 경우에는 다음 각호의 사항을 지켜야 한다.

1. 저축의 종류·기간 및 금융기관을 근로자가 결정하고, 근로자 본인의 이름으로 저축할 것.

2. 근로자가 저축증서 등 관련 자료의 열람 또는 반환을 요구할 때에는 즉시 이에 따를 것.

제23조(해고 등의 제한)

① 사용자는 근로자에게 정당한 이유 없이 해고, 정직, 전직, 감봉, 그 밖의 징벌(懲罰)(이하"부당해고 등"이라 한다)을 하지 못한다.

[판례 27] 회사가 경영상의 필요를 이유로 한 휴직의 인사명령이 정당한 이유가 있는지 판단하는 방법?

근로기준법 제23조 제1항은 사용자는 근로자에게 정당한 이유 없이 휴직을 하지 못한다고 규정하고 있다. 그러므로 회사가 경영상의 필요를 이유로 휴직의 인사명령을 한 경우 이것이 정당한 이유가 있는 때에 해당하는지 여부는 그 휴직명령 등의 경영상 필요성과 그로 인하여 근로자가 받게 될 신분상·경제상의 불이익을 비교·교량 하고, 휴직명령 대상자 선정의 기준이 합리적이어야 하며, 근로자가 속하는 노동조합과의 협의 등 그 휴직을 명하는 과정에서 신의성실의 원칙상 요구되는 절차를 거쳤는지 여부를 종합적으로 고려하여 결정하여야 한다. (대법원2009.9.10. 선고 2007두10440 판결, 대법원2018.4.12., 선고, 2015다248423,판결)

[판례 28] 휴직명령이 정당성이 없는 경우에는 사용자가 민법상 귀

책사유로 인해 노무제공을 이행하지 못한 것이므로, 근로자는 휴직기
간 동안의 임금 전부를 청구할 수 있으며, 반면에 정당성이 없는 경
우에는 판례는 근로기준법 제46조의 휴업과 마찬가지로 평균임금의
100분의 70 이상의 수당을 지급하여야 한다고 판시한 바 있습니다.
(대법 2005.2.18, 2003다63029)

해석10 출산 전·후 휴가 중 근로계약기간 만료에 대한 행정해석?

근로기준법 제23조 제2항에는 "사용자는 근로자가 업무상 부상 또
는 질병의 요양을 위하여 휴업한 기간과 그 후 30일 동안 또는 산전,
산후의 여성이 이 법에 따라 휴업한 기간과 그 후 30일 동안은 해고하
지 못한다."라고 규정되어 있어 출산휴가 중인 근로자의 해고를 제한
하고 있으나, 기간제 근로자의 근로계약기간 만료일이 출산휴가 중일
경우 계약기간 만료에 의한 고용종료는 가능한 것으로 보임. 또한 계
약직 근로자의 계약기간 만료 후 해당 근로자를 재고용할지 여부에 대
한 권한은 사용주 고유 권한으로 법으로 재고용을 강제하고 있지는 않
음. (고용평등정책과-698, 2010.05.04)

1인 이상 사업장에 근무하는 근로자는 계약직 등 근로 형태와 관
계없이 근로기준법 제72조 규정에 의한 산전·후 휴가를 사업주
로부터 부여받을 수 있으나, 동 휴가기간 중 계약기간이 만료되
면 사업주의 의무도 함께 종료되므로 산전·후 휴가는 종료됨.
(평정68240-116, 2003-03-31)

해석11 업무상 재해 요양 중 근로기간 만료

근로계약기간을 1년으로 체결하고 해외현장에서 취업 중에 재해를 입고 귀국, 국내의료기관에서 요양 도중 근로계약기간이 만료되었다면, 근로계약은 계약기간 만료와 동시에 자동 해지되어 고용관계가 종료되는 것임. 따라서 근로기준법 제28조에 의한 퇴직금을 청구할 수 있으며, 근속기간에 해당하는 퇴직금을 지급받아야 함. (해지 01254385, 1986.01.10)

[판례 29] 시용 근로자의 업무태도, 업무능력 등에 문제가 있을 경우 바로 근로관계 종료가 가능한가?

"시용"이란 본채용 전에 일정기간을 설정하여 근로자의 업무적격성을 판단하기 위해 시험적으로 사용하는 것을 의미합니다. (시용=수습)

근로기준법 제23조[해고 등의 제한]에 근거하여, 시용시간 중에 근로자를 해고하거나 시용기간 만료 시 본 계약의 체결을 거부하는 것은 근로기준법의 해고에 해당하므로, 정당한 사유가 존재해야 됩니다.

다만, 시용근로자의 자질, 성격, 능력. 인품 등의 업무적격성 평가를 통해 본채용 여부를 결정하기 위한것이라는 점등을 고려하여 해고의 정당한 사유의 범위가 정식근로자보다 상대적으로 넓게 인정됩니다.(대법 2006.2.24., 2002다6232), 다만, 근로계약의 해지가 정당하다고 판단했다는 근거가 존재해야 하고, 근로계약 해지의"합리적이유"가 존재해야하며,"사회통념상 상당"하다고 평가 될 수 있어야 합니다. (대법 2005.11.27)

• 시용기간이란 사용자가 근로자의 종업원으로서의 적격성을 판단하기 위하여 근로계약을 유보한 상태에서 근로관계를 갖는 일정한 기간을 말한다. 이 기간 중의 근로자를 수습사원 또는 견습사원이라고도 말한다.

- 시용기간: 아직 정식 근로계약을 체결하지 않은 상태에서 근로계약 체결할 것을 결정하는 기간.
- 수습기간: 정식 근로계약을 체결했지만 일정기간 직무능력 습득을 통해 근로자와 달리 대우하는 규정을 둠.

단, 입사 이후 수습기간을 3개월로 계약된 경우 예를 들어 본다면,
수습 기간 동안 최저임금보다 적은 (임금의 90%) 정도를 지급 받을 수 있다.
2019년 1월 15일 이후 입사자 부터는 입사한 수 3개월 이내 해고할 때는 해고 예고를 하지 않아도 되고 따라서 해고 예고수당 (해고 예고를 하지 않았을 때 지급하는 30일치 통상임금)을 지급하지 않아도 된다.

② 사용자는 근로자가 업무상 부상 또는 질병의 요양을 위하여 휴업한 기간과 그 후 30일 동안 또는 산전(産前)·산후(産後)의 여성이 이 법에 따라 휴업한 기간과 그 후 30일 동안은 해고하지 못한다. 다만, 사용자가 제84조에 따라 일시보상을 하였을 경우 또는 사업을 계속할 수 없게 된 경우에는 그러하지 아니하다.

해석 12 해고가 금지된 기간에 근로계약기간이 만료가 되면 근로관계는 종료되는 걸까?

근로관계가 종료된다. 다만, 반복적으로 여러차례 근로계약이 갱신되어 왔음에도, 다른 하자없이 부당해고임을 다툴 수 있는 여지는 있

다. 근로기준법에서 제한하는 것은 '해고'이지 계약기간 만료에 따른 '근로계약갱신거부'까지 금지하는 것은 아니라는 것이다.

아직까지 계약직 근로자의 재계약 시점에 있어 법정휴가의 사용권에 대한 현재까지 법원의 판례나 노동부 행정해석으로는 "계약직 근로자에 대한 재계약거부는 해고(일방적인 근로계약의 해지)가 아니라 계약기간의 만료에 따른 자동퇴직(계약기간 설정에 따른 합의퇴직)일뿐"이라는 시각이 일반적이며, "모성보호를 강조한 근로기준법 제23조 제2항의 취지"에 비추어 산전후휴가를 보장해주어야 하나, 만료시점 이후에는 산전후휴가를 보장받지 못한다는 견해가 일반적이다.

임신을 이유로 근로계약종료일 이전에 일방적으로 근로계약을 도중에 해지하는 것은 위법합니다.

하지만, 근로계약종료일과 동시에 재갱신을 거부하는 것은 위법하지 않습니다. 물론, 재계약거부 이유가 임신때문이라면 위법하지만, 회사 측에서는 표면적으로 다른 이유 예를 들어 '회사의 사정' 등을 들어 갱신을 거부할 수 있기 때문입니다. (한국노총 부천상담소, 2006.12.14)

제24조(경영상 이유에 의한 해고의 제한)

① 사용자가 경영상 이유에 의하여 근로자를 해고하려면 긴박한 경영상의 필요가 있어야 한다. 이 경우 경영 악화를 방지하기 위한 사업의 양도·인수·합병은 긴박한 경영상의 필요가 있는 것으로 본다.

단체협약이나 취업규칙 등에 규정된 징계(해고) 절차를 지켜야 하며, 절차 위반의 징계(해고)는 그것이 사소한 것이 아니한 무효이다.

✔ 징계 출석통보에 관한 취업규칙 등의 사전통보기한을 거치지 않으면 절차위반. 다만, 단체협약상 직계통보를 3일 전까지 한도로 되어있으나, 2일 전에 통지 후 징계위원회에 출석하여 변병의 기회를 가진 경미한 절차 위반은 무효가 아님.

✔ 통보는 소정 양식에 따라야 하나 근로자가 출석통지서 수령을 고의로 거부하는 경우에는 구두, 전화, 전언 등의 방법으로 유효하다. (대판 1992.7.14, 91누9961)

✔ 출석통지서에 징계협의 사실을 구체적으로 기재하지 않은 것은 잘못이나, 피징계자가 징계위원회에 출석하여 충분한 해명기회를 부여받았으면 절차상의 흠은 치유된 것으로 불 수 있음. (서울행판 2013.9.3., 201구합38886)

✔ 진숙청취(소명기회) 절차 규정을 위반한 징계는 원칙적으로 부당징계이나, 취업규칙 등에 피징계자에게 소명의 기회를 부여하여야 한다는 규정이 없는 경우까지 소명의 기회를 부여할 의무가 있는 것은 아님. (대판 1998.11.27, 97누14132)

[판례 30] 서울행정법원 2000.11.07, 서울행법 2000구11672

재무제표상의 순이익 감소, 적자 등의 회계적인 부분도 있으나, 기타 시장여건 및 사업의 효율성 등 비회계적인 요소도 포함되며 계속되는 문고 사업부의 경영악화 및 시장성 저하 등으로 하나의 사업부 전체를 폐지(2003.09.26, 대법 2001두10776, 2001두10783 참조) 한다면 이는 사회 통념상 정리해고를 실시할 긴박한 경영상의 필요성이 있는 것이라 할 수 있다.

서울행정법원 2000.11.07, 서울행법 2000구11672

사업 전체의 경영사정을 종합해 볼 때 전체 경영실적에서 흑자를 기록하고 있더라도 일부 사업부문의 비효율로 인해 그 사업부문에서 만성적인 적자를 기록하고 있다. 그러한 적자가 해당 사업부문의 구조적인 문제에 기인한 것일 때 해당 사업부문을 폐지하는 것이 불합리하다 할 수 없다.

[판례 32] 행정해석 2001.02.24, 근기 68207-599

근로기준법 제24조의 규정에 의하면 경영상의 이유에 의한 해고를 하고자 하는 경우에는 긴박한 경영상의 필요가 있어야 한다고 규정하고 있음. 판례는 근로자를 해고하지 않으면 기업이 도산할 정도를 의미함은 물론 기업의 인원삭감 조치가 영업성적의 악화라는 경제적인 이유뿐만 아니라 생산성의 향상, 경쟁력의 확보 내지 증강에 대처하기 위한 작업형태 변경, 신기술 도입, 기술혁신에 따라 생기는 산업구조적 변화 등 객관적으로 보아 합리성이 있다고 인정되면 긴박한 경영상의 필요성이 인정된다고 판시하고 있음. 또한 긴박한 경영상의 필요성 여부는 사업부문 또는 지점만을 기준으로 판단해서는 아니 되며, 기업 전체를 대상으로 종합적으로 판단해야 함.

[판례 33] 행정해석 1999.01.13, 근기 68207-94

근로자의 과반수를 대표하는 자의 선임절차에 관해서는 현행 근로기준법에 특별히 정하거나 제한하는 규정은 없음. 따라서 근로자들에게 대표로 선임되면 경영상 해고에 관하여 대표권을 행사하게 된다는 사실을 주지시킨 상태에서 근로자 스스로 자율적으로 선출하면 될 것임. 근로자대표 선출시 재적근로자의 범위에 대해서는 근로기준법 제14조 규정에 의한 근로자로 보면 될 것이나 동법 제15조 규정에 의한 사용자의 지위에 있는 자는 제외되어야 할 것임. 근로자 과반수를 대표하는 자의 선임방법 및 의결정족수 등에 대해서는 전체 근로자들이 스스로 정하는 바에 따라야 할 것임.

[판례 34] 서울행정법원 2000.11.07, 서울행법 2000구11672

사업 전체의 경영사정을 종합해 볼 때 전체 경영실적에서 흑자를 기록하고 있더라도 일부 사업부문의 비효율로 인해 그 사업부문에서 만성적인 적자를 기록하고 있다. 그러한 적자가 해당 사업부문의 구조적인 문제에 기인한 것일 때 해당 사업부문을 폐지하는 것이 불합리하다 할 수 없다. 또 참가인 공단이 원고들을 해고하기 전에 9차례에 걸쳐 노사협상을 가지면서 인원감축의 규모와 그 기준 및 보상방안을 근로자 대표들과 결정했고, 근로자 대표들도 고용조정의 필요성을 인식하여 인원감축 방안에 동의했던 점에 비추어 보면 이 사건 해고는 근로자측과 성실한 사전협의를 거친 후에 이루어졌다고 볼 수 있다. 따라서 견인사업소 폐지의 경위 및 그에 따른 인원삭감의 객관적 합리성과 사회적 상당성이 있는 것으로 해고는 정당하다.

② 제1항의 경우에 사용자는 해고를 피하기 위한 노력을 다하여야 하며, 합리적이고 공정한 해고의 기준을 정하고 이에 따라 그 대상자

를 선정하여야 한다. 이 경우 남녀의 성을 이유로 차별하여서는 아니
된다.

③ 사용자는 제2항에 따른 해고를 피하기 위한 방법과 해고의 기준
등에 관하여 그 사업 또는 사업장에 근로자의 과반수로 조직된 노동조
합이 있는 경우에는 그 노동조합(근로자의 과반수로 조직된 노동조합이 없
는 경우에는 근로자의 과반수를 대표하는 자를 말한다. 이하 "근로자대표"라 한
다)에 해고를 하려는 날의 50일 전까지 통보하고 성실하게 협의하여야
한다.

[판례35] 인사권한

근로자에 대한 전직이나 전보처분은 근로자가 제공하여야 할 근로
의 종류, 내용, 장소 등에 변경을 가져온다는 점에서 근로자에게 불
이익한 처분이 될 수도 있으나, 원칙적으로 사용자(인사권자)의 권한에
속하는 것이므로 업무상 필요한 범위 안에서는 상당한 재량을 인정.
(대판 2000.4.11, 99두2963)

[판례36] 정당성 판단 기준 : 업무상 필요성과 생활상 불이익 비교

전직이나 전보 처분이 정당한 인사권의 범위 내에 속하는 지의 여부
는 당해 정직명령 등의 업무상의 필요성과 전직 등에 따른 근로자의 생
활상의 불이익과의 비교, 교량과 근로자가 속하는 노동조합(또는 근로자
본인)과의 협의 등 그 전직처분을 하는 과정에서 신의칙상 요구되는 절
차를 거쳤는지의 여부에 의하여 결정. (대판 2009.4.23., 2007두20157)

[판례 37] 전직처분 권리남용 여부

협의 절차를 거쳤는지 여부는 여러 고려요소 중 하나이며, 전직처분 등을 할 때 근로자 본인과 성실한 협의 절차를 거쳤는지는 정당한 인사권의 행사인지의 여부를 판단하는 하나의 요소라고는 할 수 있으나, 그러한 절차를 거치지 아니하였다는 사정만으로 전직처분 등이 권리남용에 해당하여 당연히 무효가 된다고 볼 수는 없음. (대판 1997.7.22, 987다18165)

[판례 38] 합리적 전보처리

정당한 인사권의 범위를 벗어난 권리남용이 될 수 있는 생활상 불이익의 정도는 업무상 필요에 의한 정직 등에 따른 생활상으로 불이익이 근로자가 통상 감수해야 할 정도의 현저하게 벗어난 것이 아니라면 이는 정당한 인사권의 범위 내에 속함. (대판 1995.10.13, 94다52928)

전보가 정당하다면 전보지로 출근하지 않을 경우 무단결근으로 처리 가능(서울행정 20015.1.22, 선고2014구합63695 판결)

❓ 궁금해요 15 징계 시 인사위원회는 필수인가요?

취업규칙 등에 재개에 관한 절차가 정하여져 있다면 반증이 없는 한 그 절차는 정의가 요구하는 것으로 유효요건이라고 할 것이나, 회사의 징계에 관한 규정에 징계혐의사실의 고지, 진변(陳辯)의 기회부여 등의 절차가 규정되어 있지 않은 경우에는 그와 같은 절차를 밟지 아니하고 한 징계처분도 정당하다. (대법원1979.1.30. 선고78다304 판결)

④ 사용자는 제1항에 따라 대통령령으로 정하는 일정한 규모 이상의 인원을 해고하려면 대통령령으로 정하는 바에 따라 고용노동부장관에게 신고하여야 한다.

> 기업이 그 활동을 계속적으로 유지하기 위해서는 노동력을 재배치하거나 그 수급을 조절하는 것이 필요 불가능하므로, 대기 발령을 포함한 인사명령은 원칙적으로 인사권자인 사용자의 고유권한에 속한다 할 것이고, 따라서 이러한 인사명령에 대하여는 업무상 필요한 범위 안에서 사용자에게 상당한 재량을 인정하여야 하며, 이것이 근로기준법 등에 위반되거나 권리남용에 해당하는 등의 특별한 사정이 없는 한 위법하다고 할 수 없다. (대법2005두13247, 2007. 11. 30)

⑤ 사용자가 제1항부터 제3항까지의 규정에 따른 요건을 갖추어 근로자를 해고한 경우에는 제23조 제1항에 따른 정당한 이유가 있는 해고를 한 것으로 본다.

제25조(우선 재고용 등)

① 제24조에 따라 근로자를 해고한 사용자는 근로자를 해고한 날부터 3년 이내에 해고된 근로자가 해고 당시 담당하였던 업무와 같은 업무를 할 근로자를 채용하려고 할 경우 제24조에 따라 해고된 근로자가 원하면 그 근로자를 우선적으로 고용하여야 한다.

② 정부는 제24조에 따라 해고된 근로자에 대하여 생계안정, 재취업, 직업훈련 등 필요한 조치를 우선적으로 취하여야 한다.

고령자고용촉진법 제19조(정년)

사업주가 근로자의 정년을 정하는 경우에는 그 정년이 60세 이상이 되도록 노력하여야 한다. 〈해당법률은 법적 제제규정은 없다〉
고령자고용촉진법 제20조(정년연장에 관한 계획의 작성.제출)

① 노동부장관은 대통령이 정하는 일정 수 이상의 근로자를 사용하는 사업주로서 정년을 현저히 낮게 정한 사업주에 대하여 정년연장에 관한 계획을 작성하여 제출할 것을 요청할 수 있다.

② 노동부장관은 사업주가 제출한 계획이 적절하지 아니하다고 인정하는 때에는 그 계획의 변경을 권고할 수 있다.
고령자고용촉진법 제21조(정년퇴직자의 재고용)

③ 사업주는 고령자인 정년퇴직자를 재고용함에 있어 당사자 간의 합의에 의하여 근로기준법 제34조의 규정에 의한 퇴직금과 동법 제59조의 규정에 의한 연차유급휴가일수 계산을 위한 계속근로기간 산정에 있어 종전의 근로기간을 제외할 수 있으며 임금의 결정을 종전과 달리할 수 있다.
국가공무원법 제74조(정년)

④ 공무원은 그 정년에 달한 날이 1월에서 6월사이에 있는 경우에는 6월 30일에, 7월에서 12월 사이에 있는 경우에는 12월 31일에 각각 당연 퇴직된다.

제26조(해고의 예고)

사용자는 근로자를 해고(경영상 이유에 의한 해고를 포함한다)하려면 적어도 30일 전에 예고를 하여야 하고, 30일 전에 예고를 하지 아니하였을 때에는 30일분 이상의 통상임금을 지급하여야 한다. 다만, 다음 각 호의 어느 하나에 해당하는 경우에는 그러하지 아니하다.

❓ 궁금해요 16 촉탁직 근로자 2년의 근로기간이 경과시 무기계약직 전환?

　정년으로 퇴직하였는데 촉탁직으로 채용된 자가 고령자(55세)라면 특칙이 적용됩니다. 고령자의 경우 기간제법이 적용되지 않으므로 2년을 초과하더라도 무기계약직으로 전환되지 않습니다.

　사용자는 2년을 초과하지 않는 범위 내에서 기간제 근로자를 사용할 수 있으며, 2년을 초과하여 기간제 근로자를 사용할 때에는 기간의 정함이 없는 근로계약 즉, 정규직 근로자로 간주됩니다(기간제법 제4조). 다만, 연령 때문에 재취업이 어려운 조기 퇴직자의 고용촉진을 위해 고령자법 제2조 제1호의 만 55세 이상의 고령자와 근로계약을 체결하는 경우에는 2년을 초과하여 기간제 근로자로 사용할 수 있으므로 무기계약직으로 전환 될 수 없습니다.(기간제법 제4조 제1항 단서)

기간제 및 단시간근로자 보호 등에 관한 법률 제4조 (기간제근로자의 사용)

① 사용자는 2년을 초과하지 아니하는 범위 안에서(기간제 근로계약의 반복 갱신 등의 경우에는 그 계속근로한 총기간이 2년을 초과하지 아니하는 범위 안에서) 기간제근로자를 사용할 수 있다. 다만, 다음 각 호의 어느 하나에 해당하는 경우에는 2년을 초과하여 기간제근로자로 사용할 수 있다.
4. 「고령자고용촉진법」 제2조제1호의 고령자와 근로계약을 체결하는 경우

[판례39] 해고예고

　해고예고수당은 해고의 적법, 유효 여부와 관계없이 해고예고의무를 이행하지 않았을 때 지급되어야 하는 돈이므로, 해고가 부당해고에

해당하여 효력이 없더라도 해고예고수당을 부당이득으로 반환하여야
하는 것은 아님. (판 2018.9.13, 2017다16778)

부당해고 구제재심 신청사건

시용근로계약이 근로를 제공하고 임금을 지급 받는 것을 그 내용으
로 하고 있고, 시용근로기간과 계약직 근로기간이 단절됨에 없이 연속
되어 있는 이상 시용근로계약과 계약직 근로계약의 내용이 다소 변경
되었다고 하더라도 기간제 제4조에서 정한 계속근로기간 2년의 초과
여부는 시용근로기간과 계약직 근로기간을 합산하여 산정함이 상당한
다. (서울고법206.4.21. 선고2015누64079 판결)

1. 근로자가 계속 근로한 기간이 3개월 미만인 경우

❓ 궁금해요17 3개월 미만 근로한 경우 해고예고 수당 지급?

계속근로가 정확히 3개월이라면 해고예고 의무가 부여됩니다. 근로
기준법에서는 근로기간을 계산하는 방법에 관하여 별도로 정하고 있지
않으므로 민법상 기간 계산방법에 관한 제159조(기간의 만료점), 제160
조(역에 의한 계산)에서 정한 바에 따라 근로기간이 계산되어야 합니다.

2022.01.01.부터 3개월간 수습기간을 두고 2022년 3월 31일까지 근
무한 후 수습기간 종료일인 2022년 3월 31일에 근로를 마친 후 해고
통보를 하였다면 계속근로기간은 3개월이므로 "계속근로기간이 3
개월 미만인 경우"에 해당하지 않아 해고예고 규정이 적용되어, 회
사는 근로자에게 30일분의 통상임금을 지급하여야 합니다.

❓ 궁금해요 18 1년마다 계약하여 3년 근무한 경우 실업급여 수급?

계약기간 만료로 인한 퇴사는 비자발적 이직이므로 실업급여 수급 자격이 인정되나, 기간제법 제4조에 따라 기간제 근로자를 2년을 초과하여 사용한 경우에는 무기계약직으로 계약기간 만료로 인한 퇴사로 처리할 수 없다. 다만, 고용보험법 시행규칙 제101조 제2항 별표2에 해당하는 사유로 퇴사한 경우에는 실업급여 수급자격 인정 여부를 판단할 수 있습니다.

고용보험법 시행규칙 제101조(이직 사유에 따른 수급자격의 제한 기준)

② 법 제58조제2호다목에서 "고용노동부령으로 정하는 정당한 사유"란 별표 2를 말한다.

고용보험법 제40조(구직급여의 수급 요건)

①구직급여는 이직한 근로자인 피보험자가 다음 각 호의 요건을 모두 갖춘 경우에 지급한다. 다만, 제5호와 제6호는 최종 이직 당시 일용근로자였던 사람만 해당한다.

1. 제2항에 따른 기준기간(이하 '기준기간'이라 한다) 동안의 피보험 단위기간(제41조에 따른 피보험 단위기간을 말한다. 이하 같다)이 합산하여 180일 이상일 것

2. 근로의 의사와 능력이 있음에도 불구하고 취업(영리를 목적으로 사업을 영위하는 경우를 포함한다. 이하 이 장 및 제5장에서 같다)하지 못한 상태에 있을 것

3. 이직사유가 제58조에 따른 수급자격의 제한 사유에 해당하지 아니할 것

4. 재취업을 위한 노력을 적극적으로 할 것

5. 다음 각 목의 어느 하나에 해당할 것

가. 제43조에 따른 수급자격 인정신청일 이전 1개월 동안의 근로일수가 10일 미만일 것

나. 건설일용근로자(일용근로자로서 이직 당시에 「통계법」 제22조제1항에 따라 통계청장이 고시하는 한국표준산업분류의 대분류상 건설업에 종사한 사람을 말한다. 이하 같다)로서 수급자격 인정신청일 이전 14일간 연속하여 근로내역이 없을 것

6. 최종 이직 당시의 기준기간 동안의 피보험 단위기간 중 다른 사업에서 제58조에 따른 수급자격의 제한 사유에 해당하는 사유로 이직한 사실이 있는 경우에는 그 피보험 단위기간 중 90일 이상을 일용근로자로 근로하였을 것

② 기준기간은 이직일 이전 18개월로 하되, 근로자인 피보험자가 다음 각 호의 어느 하나에 해당하는 경우에는 다음 각 호의 구분에 따른 기간을 기준기간으로 한다. 〈개정 2019. 8. 27., 2021. 1. 5.〉

1. 이직일 이전 18개월 동안에 질병·부상, 그 밖에 대통령령으로 정하는 사유로 계속하여 30일 이상 보수의 지급을 받을 수 없었던 경우: 18개월에 그 사유로 보수를 지급 받을 수 없었던 일수를 가산한 기간(3년을 초과할 때에는 3년으로 한다)

2. 다음 각 목의 요건에 모두 해당하는 경우: 이직일 이전 24개월

가. 이직 당시 1주 소정근로시간이 15시간 미만이고, 1주 소정근로일수가 2일 이하인 근로자로 근로하였을 것

나. 이직일 이전 24개월 동안의 피보험 단위기간 중 90일 이상을 가목의 요건에 해당하는 근로자로 근로하였을 것

※ 통상적인 조건

① 이직 전 1년 이내에 2개월 이상 임금체불이 있는 경우.

② 질병으로 인해 업무를 수행하는 것이 곤란하고, 업무의 전환이나 휴직이 허용되지 않는 경우.

③ 이직 전 1년 이내에 2개월 이상 주 52시간을 초과해서 근무한 경우.

④ 직장 내 괴롭힘을 당했거나 성희롱, 성폭력 등 성적인 괴롭힘을 당한 경우.

⑤ 사업장 이전, 전근 등으로 출퇴근이 왕복 3시간 이상이 되어 통근이 곤란해진 경우

⑥ 부모나 동거 친족의 질병, 부상 등으로 30일 이상 본인이 간호해야 하는 기간에 기업의 사정상 휴가나 휴직이 허용되지 않아 이직한 경우.

○ 2022년 한해는 청년취업의 75%가 자발적 퇴사로 실업급여 미수령 대상자가 월등히 많다.

○ 실업급여 계산 방법: 퇴직 전 평균임금의 60% × 소정급여일수(예상 지급일 수)

○ 2022년 기준 1일 8시간 근로기준 1일 상한액 66,000원, 하한액은 60,120원이며, 지급기간은 연령 및 고용보험 가입기간에 따라 달라지나 최소 120일, 최대 270일까지 지급된다.

○ 근로자가 이직확인서 발급을 요청한 경우는 10일 이내 발급해 주어야 한다. 1차 위반 10만 원, 2차 위반 20만 원, 3차 위반 30만 원이다.

2. 천재사변, 그 밖의 부득이한 사유로 사업을 계속하는 것이 불가능한 경우.

3. 근로자가 고의로 사업에 막대한 지장을 초래하거나 재산상 손해를 끼친 경우로서 고용노동부령으로 정하는 사유에 해당하는 경우.

제27조(해고사유 등의 서면통지)

① 사용자는 근로자를 해고하려면 해고사유와 해고시기를 서면으로 통지하여야 한다.

② 근로자에 대한 해고는 제1항에 따라 서면으로 통지하여야 효력이 있다.

서면 통지: 종이로 된 문서(전자문서 가능)

예외적으로 이메일 통지를 서면통지로 인정한 사례(대판 2015.9.10, 2015두 41401)

- 대표이사 인감이 날인된 징계결과통보서를 복사한 파일을 첨부해 근로자가 확인하였음
- 이메일의 형식과 작성 경위에 비추어 사용자의 해고 의사를 명확하게 확인할 수 있음
- 해고사유와 해고시기에 관한 내용이 구체적으로 기재되어 있음.

---

③ 사용자가 제26조에 따른 해고의 예고를 해고사유와 해고시기를 명시하여 서면으로 한 경우에는 제1항에 따른 통지를 한 것으로 본다.

[판례 41] 부당해고 구제재심판정 취소

판결요지: 근로자에게 이미 형성된 갱신에 대한 정당한 기대권이 있는데도 사용자가 이를 배제하고 근로계약의 갱신을 거절한 데에 합리적 이유가 있는지가 문제.

근로 계약이 갱신된다는 신뢰관계가 형성되어 있어 근로자에게 근로계약이 갱신될 수 있으리라는 정당한 기대권이 인정되는 경우에는,

사용자가 합리적인 이유 없이 부당하게 근로계약 갱신을 거절하는 것은 예외적으로 그 효력이 없고, 종전의 근로계약이 갱신된 것과 동일하다고 인정하는 것이다.

그러므로 기간제 근로계약의 종료에 따른 사용자의 갱신 거절은 근로자의 의사와 관계없이 사용자가 일방적으로 근로관계를 종료시키는 해고와는 구별되는 것이고, 근로관계의 지속에 대한 근로자의 신뢰나 기대 역시 동일하다고 평가할 수는 없다. (대법원 2021.10.28, 선고,2021두45114판결)

[판례 42] 월급 근로자로서 6개월이 되지 못한 자를 해고예고제도의 적용 예외

해고예고제도는 근로조건의 핵심적 부분인 해고와 관련된 사항일 뿐만 아니라, 근로자가 갑자기 직장을 잃어 생활이 곤란해지는 것을 막는 데 목적이 있으므로 근로자의 인간 존엄성을 보장하기 위한 최소한의 근로조건으로서 근로의 권리의 내용에 포함된다.

해고예고제도의 입법 취지와 근로기준법 제26조 단서에서 규정하고 있는 해고예고 적용배제사유를 종합하여 보면, 원칙적으로 해고예고 적용배제사유로 허용될 수 있는 경우는 근로계약의 성질상 근로관계 계속에 대한 근로자의 기대가능성이 적은 경우로 한정되어야 한다.

"월급근로자로서 6월이 되지 못한 자"는 대체로 기간의 정함이 없는 근로계약을 한 자들로서 근로관계의 계속성에 대한 기대가 크다고 할 것이므로, 이들에 대한 해고 역시 예기치 못한 돌발적 해고에 해당한다. 따라서 6개월 미만 근무한 월급근로자 또한 전직을 위한 시간적 여유를 갖거나 실직으로 인한 경제적 곤란으로부터 보호받아야 할 필요성이 있다. 그럼에도 불구하고 합리적 이유 없이 "월급근로자로서 6개월이 되지 못한자"를 해고예고제도의 적용대상에서 제외한 이 사건 법률조항은 근무기간이 6개월 미만인 월급근로자의 근로의 권리를 침해하고, 평등원칙에도 위배된다. (헌재 2015. 12. 23. 2014헌바3, 공보 제231호, 127 - 전원재판부)

[판례 43] 무단퇴사해야 하는 상황 4대보험 상실신고 가능한가?

퇴사일자에 대해 협의가 되지 않고 사직의 수리가 되지 않는다면 민법 제660조에 따라 근로자가 사직의 의사표시를 한시점으로 부터 1개월이 지나면 사직의 효력이 발생합니다. 회사에서 사직의 수리를 하지 않은 상태에서 무단으로 퇴사를 하여 회사에 손해가 발생한 경우 손해배상청구가 가능하지만 실제 입증의 어려움으로 인하여 인정되기는 쉽지 않습니다. (정동현 노무사 2021. 11. 27. 14:26)

> **민법 제660조(기간의 약정이 없는 고용의 해지통고)**
> ① 고용기간의 약정이 없는 때에는 당사자는 언제든지 계약해지의 통고를 할 수 있다.
> ② 전항의 경우에는 상대방이 해지의 통고를 받은 날로부터 1월이 경과하면 해지의 효력이 생긴다.
> ③ 기간으로 보수를 정한 때에는 상대방이 해지의 통고를 받은 당기후의 일기를 경과함으로써 해지의 효력이 생긴다.

고용보험법 제14조(피보험자격의 상실일)

① 근로자인 피보험자는 다음 각 호의 어느 하나에 해당하는 날에 각각 그 피보험자격을 상실한다.

1. 근로자인 피보험자가 제10조 및 제10조의2에 따른 적용 제외 근로자에 해당하게 된 경우에는 그 적용 제외 대상자가 된 날

2. 고용산재보험료징수법 제10조에 따라 보험관계가 소멸한 경우에는 그 보험관계가 소멸한 날

3. 근로자인 피보험자가 이직한 경우에는 이직한 날의 다음 날

4. 근로자인 피보험자가 사망한 경우에는 사망한 날의 다음 날

② 자영업자인 피보험자는 고용산재보험료징수법 제49조의2 제10항 및 같은 조 제12항에서 준용하는 같은 법 제10조 제1호부터 제3호까지의 규정에 따라 보험관계가 소멸한 날에 피보험자격을 상실한다.

고용보험법 제10조(적용 제외)

① 다음 각 호의 어느 하나에 해당하는 사람에게는 이 법을 적용하지 아니한다.

2. 소정(所定)근로시간이 대통령령으로 정하는 시간 미만인 사람

② 65세 이후에 고용(65세 전부터 피보험 자격을 유지하던 사람이 65세 이후에 계속하여 고용된 경우는 제외한다)되거나 자영업을 개시한 사람에게는 제4장 및 제5장을 적용하지 아니한다.

제28조(부당해고 등의 구제신청)

① 사용자가 근로자에게 부당해고 등을 하면 근로자는 노동위원회에 구제를 신청할 수 있다.

② 제1항에 따른 구제신청은 부당해고 등이 있었던 날부터 3개월 이내에 하여야 한다.

부당해고 구제신청은 해고가 있는 날로부터 3개월 이내에 부당해고 구제신청을 해야 하므로, 이 기간을 경과하여 부당해고구제신청을 제기했다면 지방노동위원회의 기각판정이 부당하다고 보기 어렵다. 부당해고에 대한 이의를 제기하기 위한 방법은 법원에 해고무효확인소송을 제기하는 방법이 있습니다.

해고무효확인소송은 구제신청과 다르게 별다른 제척기간을 두고 있지 않으므로 언제든지 부당해고와 원직복직을 주장 소를 제기한다 하더라도 신뢰의 원칙에 위배됨없다.

제29조(조사 등)

① 노동위원회는 제28조에 따른 구제신청을 받으면 지체 없이 필요한 조사를 하여야 하며 관계 당사자를 심문하여야 한다.

② 노동위원회는 제1항에 따라 심문을 할 때에는 관계 당사자의 신청이나 직권으로 증인을 출석하게 하여 필요한 사항을 질문할 수 있다.

③ 노동위원회는 제1항에 따라 심문을 할 때에는 관계 당사자에게 증거 제출과 증인에 대한 반대심문을 할 수 있는 충분한 기회를 주어야 한다.

[판례 44] 화가 나서 회사자료를 삭제(포멧)하고 퇴사한 경우?

퇴사 직전에 회사의 공용폴더로 백업을 하지 않은 자료를 인수인계 없이 삭제한 행위는 업무방해죄의 "위력"에 해당한다. (대법2017도16384, 2022.01.14)

"위력"이란 업무에 종사 중인 사람에게 직접 가해지는 세력이 아니더라도 사람의 자유의사나 행동을 제압할 만한 일정한 물적 상태를 만들어 그 결과 사람으로 하여금 정상적인 업무수행 활동을 불가능하게 하거나 현저히 곤란하게 하는 행위도 이에 포함될 수 있다고 밝혔다.

형법 제314조 제1항의 업무방해죄는 사람의 자유의사나 행동을 제압할 만한 일정한 물적 상태를 만들어 그 결과 사람으로 하여금 정상적인 업무수행 활동을 불가능하게 하거나 현저히 곤란하게 하는 행위도 이에 포함될 수 있다.

[판례 45] 부정경쟁방지 및 영업비밀보호에 관한 법률 위반, 업무방해?

대법원은 업무용 노트북의 자료를 백업 없이 포맷한 후 인수인계도 하지 않은 채 퇴사했다가 업무방해 혐의로 기소된 A씨 등 3명에 대한 상고심에서 피고인들의 상고를 기각, 업무방해 유죄를 인정해 다른 부정경쟁방지법 위반 혐의와 함께 A씨에게 징역 8월에 집행유예 2년, 나머지 2명에게 징역 6월에 집행유예 2년을 각각 선고한 원심을 확정했다. (대법원 2022.1.14. 선고 2017도1638판결)

④ 제1항에 따른 노동위원회의 조사와 심문에 관한 세부절차는 「노동위원회법」에 따른 중앙노동위원회(이하 "중앙노동위원회"라 한다)가 정하는 바에 따른다.

제30조(구제명령 등)

① 노동위원회는 제29조에 따른 심문을 끝내고 부당해고 등이 성립한다고 판정하면 사용자에게 구제명령을 하여야 하며, 부당해고 등이 성립하지 아니한다고 판정하면 구제신청을 기각하는 결정을 하여야

한다.

② 제1항에 따른 판정, 구제명령 및 기각결정은 사용자와 근로자에게 각각 서면으로 통지하여야 한다.

[판례 46] 사표 철회 가능한가?

사용자의 승낙의사가 확정되어 근로계약 종료가 효과적으로 발생하기 전에는 그 사직의 의사표시를 자유로이 철회할 수 있을 뿐만 아니라, 사용자 측은 특별한 사정이 없는 한 철회 이전에 제출한 사직원에 트집 잡아 근로자를 의면면직시킬 수 없다. (대판 91다 43138, 92. 4. 10: 대판91다 43015, 92. 12. 8)

> 근로자가 회사 측의 승인을 구하는 취지의 사직서를 제출한 경우 회사의 수리행위가 있어야 비로소 사직서에 기재된 날짜에 사직효력이 발생하므로, 사직원을 제출했다 하더라도 회사의 수리행위가 있기 전까지는 근로자가 언제든지 철회할 수 있으므로, 사직원 접수받은 후 실무자는 즉시 수리행위를 하는 것이 중요

③ 노동위원회는 제1항에 따른 구제명령(해고에 대한 구제명령만을 말한다)을 할 때에 근로자가 원직복직(原職復職)을 원하지 아니하면 원직복직을 명하는 대신 근로자가 해고기간 동안 근로를 제공하였더라면 받을 수 있었던 임금 상당액 이상의 금품을 근로자에게 지급하도록 명할 수 있다.

지방노동위훤회는 근로기준법 제30조제1항에 따라 사용자에게 구제명령을 할때에는 제2항에 따라 사용자가 구제명령을 서면으로 통지받은 날부터 30일 이내로 해야하며, 근로기준법 33조 제5항에 따라 구제명령 후 30일 이내에 이행하여야 하고, 이행하지 않을때에는 노동위원회는 2년을 초과하지 않는 기간 동안 매년 2회의 범위에서 구제명령이 이행될때까지 반복해서 이행강제금을 부과·징수할 수 있습니다.

④ 노동위원회는 근로계약기간의 만료, 정년의 도래 등으로 근로자가 원직복직(해고 이외의 경우는 원상회복을 말한다)이 불가능한 경우에도 제1항에 따른 구제명령이나 기각결정을 하여야 한다. 이 경우 노동위원회는 부당해고등이 성립한다고 판정하면 근로자가 해고기간 동안 근로를 제공하였더라면 받을 수 있었던 임금 상당액에 해당하는 금품(해고 이외의 경우에는 원상회복에 준하는 금품을 말한다)을 사업주가 근로자에게 지급하도록 명할 수 있다.

제31조(구제명령 등의 확정)

① 「노동위원회법」에 따른 지방노동위원회의 구제명령이나 기각결정에 불복하는 사용자나 근로자는 구제명령서나 기각결정서를 통지받은 날부터 10일 이내에 중앙노동위원회에 재심을 신청할 수 있다.

② 제1항에 따른 중앙노동위원회의 재심판정에 대하여 사용자나 근로자는 재심판정서를 송달받은 날부터 15일 이내에 「행정소송법」의 규정에 따라 소(訴)를 제기할 수 있다.

③ 제1항과 제2항에 따른 기간 이내에 재심을 신청하지 아니하거나

행정소송을 제기하지 아니하면 그 구제명령, 기각결정 또는 재심판정은 확정된다.

제32조(구제명령 등의 효력)

노동위원회의 구제명령, 기각결정 또는 재심판정은 제31조에 따른 중앙노동위원회에 대한 재심 신청이나 행정소송 제기에 의하여 그 효력이 정지되지 아니한다.

제33조(이행강제금)

① 노동위원회는 구제명령(구제명령을 내용으로 하는 재심판정을 포함한다. 이하 이 조에서 같다)을 받은 후 이행기한까지 구제명령을 이행하지 아니한 사용자에게 2천만원 이하의 이행강제금을 부과한다.

② 노동위원회는 제1항에 따른 이행강제금을 부과하기 30일 전까지 이행강제금을 부과 · 징수한다는 뜻을 사용자에게 미리 문서로써 알려주어야 한다.

③ 제1항에 따른 이행강제금을 부과할 때에는 이행강제금의 액수, 부과 사유, 납부기한, 수납기관, 이의제기방법 및 이의제기기관 등을 명시한 문서로써 하여야 한다.

④ 제1항에 따라 이행강제금을 부과하는 위반행위의 종류와 위반 정도에 따른 금액, 부과 · 징수된 이행강제금의 반환절차, 그 밖에 필요한 사항은 대통령령으로 정한다.

⑤ 노동위원회는 최초의 구제명령을 한 날을 기준으로 매년 2회의 범위에서 구제명령이 이행될 때까지 반복하여 제1항에 따른 이행강제

금을 부과·징수할 수 있다. 이 경우 이행강제금은 2년을 초과하여 부과·징수하지 못한다.

⑥ 노동위원회는 구제명령을 받은 자가 구제명령을 이행하면 새로운 이행강제금을 부과하지 아니하되, 구제명령을 이행하기 전에 이미 부과된 이행강제금은 징수하여야 한다.

⑦ 노동위원회는 이행강제금 납부의무자가 납부기한까지 이행강제금을 내지 아니하면 기간을 정하여 독촉을 하고 지정된 기간에 제1항에 따른 이행강제금을 내지 아니하면 국세 체납처분의 예에 따라 징수할 수 있다.

⑧ 근로자는 구제명령을 받은 사용자가 이행기한까지 구제명령을 이행하지 아니하면 이행기한이 지난 때부터 15일 이내에 그 사실을 노동위원회에 알려줄 수 있다.

제34조(퇴직급여 제도)

사용자가 퇴직하는 근로자에게 지급하는 퇴직급여 제도에 관하여는 「근로자퇴직급여 보장법」이 정하는 대로 따른다.

「근로자퇴직급여 보장법」 제9조, 제10조.

고용주는 근로자가 퇴직한 경우 그 지급 사유가 발생한 날부터 14일 이내에 퇴직금을 지급해야 한다.

다만, 특별한 사정이 있는 경우 당사자 간의 합의에 따라 지급기일을 연장할 수는 있으나, 퇴직금을 받을 권리는 3년간 행사하지 않으면 시효로 인하여 소멸하게 된다.

퇴직금을 퇴직한 날로부터 14일 이내 지급하지 않을 때 사업주는 3년 이하의 징역 또는 2천만 원 이하의 벌금에 처해진다.

> **근로자퇴직급여보장법 제9조(퇴직금의 지급 등)**
>
> ① 사용자는 근로자가 퇴직한 경우에는 그 지급사유가 발생한 날부터 14일 이내에 퇴직금을 지급하여야 한다. 다만, 특별한 사정이 있는 경우에는 당사자 간의 합의에 따라 지급기일을 연장할 수 있다.
>
> ② 제1항에 따른 퇴직금은 근로자가 지정한 개인형퇴직연금제도의 계정 또는 제23조의8에 따른 계정(이하 "개인형퇴직연금제도의 계정등"이라 한다)으로 이전하는 방법으로 지급하여야 한다. 다만, 근로자가 55세 이후에 퇴직하여 급여를 받는 경우 등 대통령령으로 정하는 사유가 있는 경우에는 그러하지 아니하다.
>
> ③ 근로자가 제2항에 따라 개인형퇴직연금제도의 계정등을 지정하지 아니한 경우에는 근로자 명의의 개인형퇴직연금제도의 계정으로 이전한다.
>
> 근로자퇴직급여보장법 제10조(퇴직금의 시효) 이 법에 따른 퇴직금을 받을 권리는 3년간 행사하지 아니하면 시효로 인하여 소멸한다.

해석13 ▶ 건설일용근로자의 퇴직금 지급?

건설일용근로자의 경우 계속근로(법정퇴직금제도 적용) 여부를 판단하기 어려워 1996.12.31.[건설근로자의 고용개선 등에 관한 법률]이 제정되어 1998.1.1부로 사업주가 월단위 복리로 산정한 이자를 합산하여 근로자에게 지급하는 건설근로자 퇴직금공제제도가 시행되었다.

건설업 공제제도 가입대상공사, 건설산업기본법 제87조 및 같은 법 시행령 제83조.

㉮ 공사예정금액이 100억 원 이상인 공사

㉯ 500호 이상인 공동주택의 건설공사

궁금해요 19 일용직근로자 근로소득공제금액 15만 원

근로소득공제금액이 2019년 1월 1일부터 지급 받는 일용직근로자의 일당에서 공제하는 근로소득공제 기준 10만 원에서 15만 원으로 인상되었습니다.

단. 10만 원 미만일 경우 세금을 징수하지 않지만 일용근로자는 月 8日이상 근무하면 4대보험 가입대상이 됩니다.

- 계산식: 1. (하루 일당 -150,000) × 6%(최저세율) × 55%
         2. (하루일당 - 150,000) × 2.7%

소득세법 시행령

제11조(일용근로자의 범위)

영 제20조제1항제1호 각 목 및 같은 항 제2호 각 목의 근로자가 근로계약에 따라 일정한 고용주에게 3월(영 제20조제1항제1호가목의 경우에는 1년으로 한다)이상 계속하여 고용되어 있지 않고 근로단체를 통하여 여러 고용주의 사용인으로 취업하는 경우에는 이를 일용근로자로 본다.

소득세법 제47조(근로소득공제)

① 근로소득이 있는 거주자에 대해서는 해당 과세기간에 받는 총급여액에서 다음의 금액을 공제한다. 다만, 공제액이 2천만원을 초과하는 경우에는 2천만원을 공제한다. 〈일부생략〉

② 일용근로자에 대한 공제액은 제1항에도 불구하고 1일 15만원으로 한다.

궁금해요 20 일용직근로자 정의

일용근로자란 1개월 미만 동안 고용된 자를 말하며, 단시간근로자는 고용기간이 이 아니라 근로시간이 짧은 근로자를 말한다. 4대보험 관련 법령에서는 단시간근로자를 "1개월 동안의 소정근로시간이 60시간 미만인 자"로 규정하고 있다.

국민연금법시행령 제2조(근로자에서 제외되는 사람) 「국민연금법」(이하 "법"이라 한다) 제3조 제1항 제1호 단서에 따라 근로자에서 제외되는 사람은 다음 각 호와 같다.

1. 일용근로자나 1개월 미만의 기한을 정하여 근로를 제공하는 사람. 다만, 1개월 이상 계속하여 근로를 제공하는 사람으로서 다음 각 목의 어느 하나에 해당하는 사람은 근로자에 포함된다.

가. 「건설산업기본법」 제2조 제4호 각 목 외의 부분 본문에 따른 건설공사의 사업장 등 보건복지부장관이 정하여 고시하는 사업장에서 근로를 제공하는 경우: 1개월 동안의 근로일수가 8일 이상이거나 1개월 동안의 소득(제3조제1항제2호에 따른 소득만 해당한다. 이하 이 조에서 같다)이 보건복지부장관이 정하여 고시하는 금액 이상인 사람

나. 가목 외의 사업장에서 근로를 제공하는 경우: 1개월 동안의 근로일수가 8일 이상 또는 1개월 동안의 근로시간이 60시간 이상이거나 1개월 동안의 소득이 보건복지부장관이 정하여 고시하는 금액 이상인 사람

다. 3개월 이상 계속하여 근로를 제공하는 사람으로서 사용자의 동의를 받아 근로자로 적용되기를 희망하는 사람

라. 둘 이상 사업장에 근로를 제공하면서 각 사업장의 1개월 소정근로시간의 합이 60시간 이상인 사람으로서 1개월 소정근로시간이 60시간 미만인 사업장에서 근로자로 적용되기를 희망하는 사람

마. 1개월 이상 계속하여 근로를 제공하는 사람으로서 1개월 동안의 소득이 보건복지부장관이 정하여 고시하는 금액 이상인 사람

〈국민연금법 시행령 제2조 2022.1.1.부 개정내용〉

① 기존 월소득 100만원 또는

② 근로일수가 8일이상

③ 월소득 220만원(근로일수가 8일미만) 추가

즉, 기존에는 일정소득이 있어도 (8일 또는 60시간)요건을 충족하지 않으면 가입대상에서 제외되었으나, 현재는 8일미만도 추가외었으므로 인지하시기 바랍니다.

기간의 정함이 없는 근로계약 퇴직 의사표시?

기간의 정함이 없는 근로계약 관계에 있어 근로자가 사용자에 대하여 당해 근로계약의 해지(퇴직)의 의사표시를 한 때 근로계약 관계의 종료시간(퇴직시기)는 아래 기준에 따라 처리한다.

① 근로자가 사용자에게 퇴직의 의사표시(사직서 제출)를 행한 경우 사용자가 이를 수리하였거나, 또는 당사자 간에 계약 종료시기에 관한 특약(단체협약, 취업규칙, 근로계약)이 있으면 각각 그 시기에 계약해지의 효력이 발생할 것임

② 이 경우 사용자가 근로자의 퇴직의 의사표시에 대하여 이를 수리하지 아니하거나 또는 계약종료시기에 관한 별도의 특약이 없다면 사용자가 당해 퇴직의 의사표시를 통고받은 날로부터 1개월이 경과된 때까지는 계약해지의 효력이 발생치 않으므로 고용관계는 존속되는 것으로 취급되어야 할 것임(민법 제66조 제2항)

③ 제2항의 경우 근로자에게 지급하는 임금을 일정한 기간급으로 정하여 정기 지급하고 있으면 사용자가 근로자로부터 퇴직의 의사를 통고받은 당기후의 1임금 지급기를 지나는 때에 계약해지의 효력이 발생하는 것으로 취급하여야 할 것임. (민법 제660조 제3항), (노동부 예규 제37호, 81.6.5)

민법 제660조(기간의 약정이 없는 고용의 해지통고)

① 고용기간의 약정이 없는 때에는 당사자는 언제든지 계약해지의 통고를 할 수 있다.
② 전항의 경우에는 상대방이 해지의 통고를 받은 날로부터 1월이 경과하면 해지의 효력이 생긴다.
③ 기간으로 보수를 정한 때에는 상대방이 해지의 통고를 받은 당기후의 일기를 경과함으로써 해지의 효력이 생긴다.

제35조(삭제)

제36조(금품 청산)

사용자는 근로자가 사망 또는 퇴직한 경우에는 그 지급 사유가 발생한 때부터 14일 이내에 임금, 보상금, 그 밖의 모든 금품을 지급하여야 한다. 다만, 특별한 사정이 있을 경우에는 당사자 사이의 합의에 의하여 기일을 연장할 수 있다.

> 특별한 사정이란 천재지변이나 그 밖에 이에 준하는 부득이한 사정 및 사용자가 성의와 전력을 다하여 노력했는데도 체불을 막을 수 없었던 사정을 말하고,(대법원 1988.2.9. 선고 87도2509 판결) 사업의 부진 등으로 자금 압박을 받아 이를 지급할 수 없었다는 것만으로는 특별한 사정이 있는 경우에 해당하지 않습니다. (대법원 2022.11.26. 선고 2002도649 판결)

근로기준법 제109조 벌칙조항에 따라 제6조를 위반한 자는 3년 이상의 징역 또는 2천만 원 이하의 벌금에 처한다.

제37조(미지급 임금에 대한 지연이자)

① 사용자는 제36조에 따라 지급하여야 하는 임금 및 「근로자퇴직급여 보장법」 제2조제5호에 따른 급여(일시금만 해당된다)의 전부 또는 일부를 그 지급 사유가 발생한 날부터 14일 이내에 지급하지 아니한 경우 그 다음 날부터 지급하는 날까지의 지연 일수에 대하여 연 100분의 40 이내의 범위에서 「은행법」에 따른 은행이 적용하는 연체금리 등 경제 여건을 고려하여 대통령령으로 정하는 이율에 따른 지연이자를

지급하여야 한다.

② 제1항은 사용자가 천재 · 사변, 그 밖에 대통령령으로 정하는 사유에 따라 임금 지급을 지연하는 경우 그 사유가 존속하는 기간에 대하여는 적용하지 아니한다.

제38조(임금채권의 우선변제)

① 임금, 재해보상금, 그 밖에 근로 관계로 인한 채권은 사용자의 총재산에 대하여 질권(質權) · 저당권 또는 「동산 · 채권 등의 담보에 관한 법률」에 따른 담보권에 따라 담보된 채권 외에는 조세 · 공과금 및 다른 채권에 우선하여 변제되어야 한다. 다만, 질권 · 저당권 또는 「동산 · 채권 등의 담보에 관한 법률」에 따른 담보권에 우선하는 조세 · 공과금에 대하여는 그러하지 아니하다.

② 제1항에도 불구하고 다음 각 호의 어느 하나에 해당하는 채권은 사용자의 총재산에 대하여 질권 · 저당권 또는 「동산 · 채권 등의 담보에 관한 법률」에 따른 담보권에 따라 담보된 채권, 조세 · 공과금 및 다른 채권에 우선하여 변제되어야 한다.

1. 최종 3개월분의 임금
2. 재해보상금

제39조(사용증명서)

① 사용자는 근로자가 퇴직한 후라도 사용 기간, 업무 종류, 지위와 임금, 그 밖에 필요한 사항에 관한 증명서를 청구하면 사실대로 적은

증명서를 즉시 내주어야 한다.

② 제1항의 증명서에는 근로자가 요구한 사항만을 적어야 한다.

제40조(취업 방해의 금지)

누구든지 근로자의 취업을 방해할 목적으로 비밀 기호 또는 명부를 작성·사용하거나 통신을 하여서는 아니 된다.

제41조(근로자의 명부)

① 사용자는 각 사업장별로 근로자 명부를 작성하고 근로자의 성명, 생년월일, 이력, 그 밖에 대통령령으로 정하는 사항을 적어야 한다. 다만, 대통령령으로 정하는 일용근로자에 대해서는 근로자 명부를 작성하지 아니할 수 있다.

급여에 차감되는 근로소득세

• 일용 근로자 : (일당-15만 원) × 2.7% × 근로 일수

• 상용 근로자 : 간이세액표 적용

• 외국인 근로자 : 근로소득 ×19%, or 간이세액표 적용

② 제1항에 따라 근로자 명부에 적을 사항이 변경된 경우에는 지체 없이 정정하여야 한다.

제42조(계약 서류의 보존)

사용자는 근로자 명부와 대통령령으로 정하는 근로계약에 관한 중요한 서류를 3년간 보존하여야 한다.

근로기준법 시행령 제 20조(근로자 명부의 기재사항)

근로자 명부 기재사항 : 성명, 성별, 생년월일, 주소, 이력, 종사하는 업무의 종류, 고용, 고용갱신 연월일, 계약기간, 해고, 퇴직 또는 사망한 경우에는 그 연월일과 사유 등

제3장 — 임금

해석15 임금 여부가 문제되는 이유는 임금이면 퇴직금 사정을 위한 평균임금에 포함되기 때문이다.

① 식사를 하지 않아도 별도의 보상이 없으면 복지후생이며, 식사를 제공하면서 식사를 하지 않으면 상응한 금품을 지급한 경우로 임금이 된다.

② 출근일에 한해 식사를 제공하되 식사를 제공받지 아니하는 근로자에게는 동액 상당의 이용쿠폰을 지급한 경우 식대보조비는 그 지급조건 및 내용상 임금(대판 1993.5.27, 92다20316)

③ 근무일수에 따라 일률적으로 식권이나 현금으로 지급한 중식대는 그 지급기준이 사용자의 의사에 달려 있었던 것도 아니고, 실비변상적으로 지급된 것으로 보기도 어려우므로 회사의 지급의부가 있는 것으로서 임금(대판2003.2.14, 20002다50828)

④ 차량보유 유무에 따라 차량보유자에게만 지급하거나, 차량을 업무용으로 사용하는데 필요한 비용을 보조했으면 임금이 아니다.

제43조(임금 지급)

① 임금은 통화(通貨)로 직접 근로자에게 그 전액을 지급하여야 한다. 다만, 법령 또는 단체협약에 특별한 규정이 있는 경우에는 임금의 일부를 공제하거나 통화 이외의 것으로 지급할 수 있다.

전액지급원칙

법령과 단체협약의 규정에 의한 공제는 허용(ex. 근로소득세, 사회보험료, 노동조합비 등)

손해배상채권과 임금채권의 상계 금지(대판 1989.11.24, 88다카25038)

조정적(調整的) 상계는 허용(대판 2010.5.20, 2007다90760)

 – 착오 등으로 인한 과다 지급의 경우 근로자가 청구하는 임금채권과 상계 가능.

4. 합의에 의한 상계 계약은 예외적으로 가능(대판 2001.10.23, 2001다25184)

 – 근로자의 자유로운 의사에 의한 동의라고 인정될만한 합리적 이유가 있어야 함.

5. 임금 압류 및 전부명령. (대경 1994.3.16, 93마18232)

 – 사용자가 근로자에 대한 채무명의의 집행을 위하여 근로자에 대한 임금채권 중 압류가능 한 금액 (민사집행법 제246조)에 관하여 압류 및 전부명령 가능.

6. 퇴직연금을 받을 권리는 양도하거나 담보로 제공할 수 없으므로(근로자퇴직급여보장법 제7조) 그 전액에 대해 압류가 금지됨(대판 2014.1.23, 2013다71180)

7. 결근, 지각, 조퇴 등으로 근로를 제공하지 않는 시간에 대해서는 임금지급의무가 발생하지 않으므로 이를 이유로 한 미지급은 전액 지급 원칙에 어긋나지 않음.

❓ **궁금해요 21** 급여 원단위 미만 절삭 가능한가?

별도 내부규정이 없는 한 개인급여에 대해서는 동의 없는 절삭은 불가능하다. 다만, 국고금관리법 제47조에 의해 국고임의 경우에는 10원 미만의 단위는 절사한다.

근로기준법 제43조(임금 지급)

① 임금은 통화(通貨)로 직접 근로자에게 그 전액을 지급하여야 한다. 다만, 법령 또는 단체협약에 특별한 규정이 있는 경우에는 임금의 일부를 공제하거나 통화 이외의 것으로 지급할 수 있다.

국고금관리법 제 47조(국고금의 끝수 계산)

① 국고금의 수입 또는 지출에서 10원 미만의 끝수가 있을 때에는 그 끝수는 계산하지 아니하고, 전액이 10원 미만일 때에도 그 전액을 계산하지 아니한다. 다만, 대통령령으로 정하는 경우에는 그러하지 아니하다.
② 국세의 과세표준액을 산정할 때 1원 미만의 끝수가 있으면 이를 계산하지 아니한다.
③ 지방자치단체, 그 밖에 대통령령으로 정하는 공공단체와 공공기관의 경우에는 제1항 및 제2항을 준용할 수 있다. 다만, 「한국산업은행법」에 따른 한국산업은행 등 대통령령으로 정하는 공공기관의 경우에는 그러하지 아니하다. (전문개정 2011. 4. 4.)

추석 명절선물 세금공제 여부

세금공제해야 한다.

근로자에게 급여외의 소득을 준것에 대해서는 세법에서 비과세 급여로 규정하고 있지 않음므로, 세금을 내야한다. 학자금 이나 명절에 지급하는 선물, 상품권 역시 마찬가지로 직원의 복리후생 차원에서 제공하는 것이더라도 소득세법상 근로소득에 포함해야 한다. 소득세법에서 비과세로 규정한 것이 아니면 복리후생비로 처리해도 과세되는 급여가 된다.

경품은 당첨자에게 경품을 지급하는 경우 대납하는 제세공과금을 포함한 금액을 기타소득으로 하여 기타소득세와 지방소득세를 원천징수한다.

　　ex) 기타소득금액(X)이고, 경품금액 500,000 일 때

- X-(X × 0.22) = 500,000

- X = 641,025 → 기타소득세 641,025 × 20% = 128,200

  지방소득세 128,200 × 10% = 12,820

ex) 부가가치세 환급금에서 10원 미만의 끝수가 있을 때에는 그 끝수는 계산하지 않는 것입니다. 즉, 원단위는 절사하고 환급금이 지급되는 것입니다.

※ 참고 법령국고금관리법 제47조【국고금의 끝수 계산】

해석16 현장 근로자가 개인 신용의 문제로 급여통장을 배우자 명의 계좌로 입금 요청하는 경우?

근로기준법 제43조 ②항 임시로 지급하는 임금이나 1개월을 초과하는 기간에 걸친 사유에 따라 산정되는 상여금 등을 제외하고, 매월 1회 이상 일정한 날짜를 정해 지급해야 합니다.

임금을 직접 근로자에게 지급하도록 법에서 규정하는 이유는 근로자의 생활의 기본이 되는 임금을 다른 사람이 가로채거나 착취하는 것을 막아 근로자의 생활을 보호하기 위해서이므로, 근로자인 미성년자의 부모에게 지급하거나, 위임이나 대리를 통해서 근로자가 아닌 다른 사람에게 지급하는 것은 무효입니다.

임금채권의 양도에 대한 판례는 양도 그 자체를 막는 규정이 없어 양도는 가능하나, 사용자는 양수인에게 임금을 지급해서는 안 되며, 근로자에게 직접 지급해야 한다고 보고 있습니다.(대판 1988.12.13, 87다카2803), 반면 법원의 판결이나 공증 등에 따라 임금채권을 압류하거나 전부명령 등에 의하여 채권자인 제3자에게 지급하는 것은 법위반이 아닙니다. (근거01254-5025, 1987.3.31.)

해석17 상조회비, 동호회비 등을 임금에서 공제할 경우 개별동의 받아야 하는지 여부?

임금은 전액 지급하여야 한다(근로기준법 43조) 위반 시 근기법 109조 (벌칙) 3년이하 징역 또는 이하 벌금에 처한다.

사업장 내 임의로 조직된 취미단체에서 동 단체 소속 개별근로자의 실질적이고 구체적인 동의를 얻어 급여 공제를 요청한 경우, 개별 근로자의 경제생활의 안정을 해치지 않는 취미 활동에 소요되는 최소한의 금품에 한하여 그 공제가 가능한 것으로 사료되나, 추후 개별 근로자의 반대 의사표시가 있을 경우에는 그 전액을 지급하여야 할 것임. (행정해석 임금68207-405, 2003.05.26.)

단체협약에 특별한 규정(조합비 공제)이 있는 경우 임금의 일부를 공제할 수 있다고 규정하고 있어도 개별 근로자(조합원) 본인의 동의가 있어야 공제가 가능하다고 행정해석하고 있는바 개별근로자 또는 대상 근로자 전체 개별의 임금공제 동의가 없이 공제를 할 경우 근로기준법 제43조 위반에 해당한다. (행정해석: 2002.09.04. 임금68207-667)

② 임금은 매월 1회 이상 일정한 날짜를 정하여 지급하여야 한다. 다만, 임시로 지급하는 임금, 수당, 그 밖에 이에 준하는 것 또는 대통령령으로 정하는 임금에 대하여는 그러하지 아니하다.

해석18 주 2일 기간제근로자에 대한 명절상여금 지급

상여금에 대해서는 노동관계법령에서 규정하고 있지 않으므로 통상 취업규칙이나 근로계약을 통해 정하는 바에 따르면 된다. 다만, 기간제 단시간 근로자라고 하여 차별을 하는 경우 법 위반에 해당될 수 있다.

해석19 설·추석상여금을 중도퇴사자가 받을 수 있나요?

상여금에 관하여는 법에서 정한 바가 없으므로, 단체협약·취업규칙 등에 정한 바에 따라 지급하여야 한다. 명절 상여금은 중도 퇴직하는 근로자에게 일할 계산하여 지급한다는 규정이 없는 한 상여금 지급일 전에 퇴사할 경우에는 이를 청구할 수 없다.

> 대부분의 회사의 경우 명절 상여금 등에 대해서는 "지급 시점 재직 중에 한함"이라고 명시되어 있는 경우가 많으며, 추석상여금 정액 지급 시 퇴직예정자 미지급에 대한 문제는 취업규칙에 별도 명시가 되어 있지 않은 경우 계속적인 근로 전제하에 지급하는 것으로 법적 문제보다는 사용자가 판단할 문제로 보아야 한다.

기간제 및 단시간근로자 보호 등에 관한 법률 제8조(차별적 처우의 금지)

① 사용자는 기간제근로자임을 이유로 해당 사업 또는 사업장에서 동종 또는 유사한 업무에 종사하는 기간의 정함이 없는 근로계약을 체결한 근로자에 비하여 차별적 처우를 하여서는 아니 된다.

② 사용자는 단시간근로자임을 이유로 해당 사업 또는 사업장의 동종 또는 유사한 업무에 종사하는 통상근로자에 비하여 차별적 처우를 하여서는 아니 된다.

제43조의2(체불사업주 명단 공개)

① 고용노동부장관은 제36조, 제43조, 제51조의3, 제52조제2항제2호, 제56조에 따른 임금, 보상금, 수당, 그 밖의 모든 금품(이하 "임금 등"이라 한다)을 지급하지 아니한 사업주(법인인 경우에는 그 대표자를 포함한다. 이하 "체불사업주"라 한다)가 명단 공개 기준일 이전 3년 이내 임금 등을 체불하여 2회 이상 유죄가 확정된 자로서 명단 공개 기준일 이전 1년 이내 임금등의 체불총액이 3천만원 이상인 경우에는 그 인적사항 등을 공개할 수 있다. 다만, 체불사업주의 사망·폐업으로 명단 공개의 실효성이 없는 경우 등 대통령령으로 정하는 사유가 있는 경우에는 그러하지 아니하다.

② 고용노동부장관은 제1항에 따라 명단 공개를 할 경우에 체불사업주에게 3개월 이상의 기간을 정하여 소명 기회를 주어야 한다.

③ 제1항에 따른 체불사업주의 인적사항 등에 대한 공개 여부를 심의하기 위하여 고용노동부에 임금체불정보심의위원회(이하 이 조에서 "위원회"라 한다)를 둔다. 이 경우 위원회의 구성·운영 등 필요한 사항은 고용노동부령으로 정한다.

④ 제1항에 따른 명단 공개의 구체적인 내용, 기간 및 방법 등 명단 공개에 필요한 사항은 대통령령으로 정한다.

제43조의3(임금 등 체불자료의 제공)

① 고용노동부장관은 「신용정보의 이용 및 보호에 관한 법률」 제25조제2항제1호에 따른 종합신용정보집중기관이 임금등 체불자료 제공일 이전 3년 이내 임금등을 체불하여 2회 이상 유죄가 확정된 자로서

임금등 체불자료 제공일 이전 1년 이내 임금등의 체불총액이 2천만원 이상인 체불사업주의 인적사항과 체불액 등에 관한 자료(이하 "임금등 체불자료"라 한다)를 요구할 때에는 임금등의 체불을 예방하기 위하여 필요하다고 인정하는 경우에 그 자료를 제공할 수 있다. 다만, 체불사업주의 사망ㆍ폐업으로 임금등 체불자료 제공의 실효성이 없는 경우 등 대통령령으로 정하는 사유가 있는 경우에는 그러하지 아니하다.

② 제1항에 따라 임금등 체불자료를 받은 자는 이를 체불사업주의 신용도ㆍ신용거래능력 판단과 관련한 업무 외의 목적으로 이용하거나 누설하여서는 아니 된다.

③ 제1항에 따른 임금등 체불자료의 제공 절차 및 방법 등 임금등 체불자료의 제공에 필요한 사항은 대통령령으로 정한다.

제44조(도급 사업에 대한 임금 지급)

① 사업이 한 차례 이상의 도급에 따라 행하여지는 경우에 하수급인(下受給人)(도급이 한 차례에 걸쳐 행하여진 경우에는 수급인을 말한다)이 직상(直上) 수급인(도급이 한 차례에 걸쳐 행하여진 경우에는 도급인을 말한다)의 귀책사유로 근로자에게 임금을 지급하지 못한 경우에는 그 직상 수급인은 그 하수급인과 연대하여 책임을 진다. 다만, 직상 수급인의 귀책사유가 그 상위 수급인의 귀책사유에 의하여 발생한 경우에는 그 상위 수급인도 연대하여 책임을 진다.

② 제1항의 귀책사유 범위는 대통령령으로 정한다.

제44조의2(건설업에서의 임금 지급 연대책임)

① 건설업에서 사업이 2차례 이상 「건설산업기본법」 제2조제11호에 따른 도급(이하 "공사도급"이라 한다)이 이루어진 경우에 같은 법 제2조제7호에 따른 건설사업자가 아닌 하수급인이 그가 사용한 근로자에게 임금(해당 건설공사에서 발생한 임금으로 한정한다)을 지급하지 못한 경우에는 그 직상 수급인은 하수급인과 연대하여 하수급인이 사용한 근로자의 임금을 지급할 책임을 진다.

② 제1항의 직상 수급인이 「건설산업기본법」 제2조제7호에 따른 건설사업자가 아닌 때에는 그 상위 수급인 중에서 최하위의 같은 호에 따른 건설사업자를 직상 수급인으로 본다.

제44조의3(건설업의 공사도급에 있어서의 임금에 관한 특례)

① 공사도급이 이루어진 경우로서 다음 각 호의 어느 하나에 해당하는 때에는 직상 수급인은 하수급인에게 지급하여야 하는 하도급 대금 채무의 부담 범위에서 그 하수급인이 사용한 근로자가 청구하면 하수급인이 지급하여야 하는 임금(해당 건설공사에서 발생한 임금으로 한정한다)에 해당하는 금액을 근로자에게 직접 지급하여야 한다.

1. 직상 수급인이 하수급인을 대신하여 하수급인이 사용한 근로자에게 지급하여야 하는 임금을 직접 지급할 수 있다는 뜻과 그 지급방법 및 절차에 관하여 직상 수급인과 하수급인이 합의한 경우

2. 「민사집행법」 제56조제3호에 따른 확정된 지급명령, 하수급인의 근로자에게 하수급인에 대하여 임금채권이 있음을 증명하는 같은 법 제56조제4호에 따른 집행증서, 「소액사건심판법」 제5조의7에 따라 확

정된 이행권고결정, 그 밖에 이에 준하는 집행권원이 있는 경우

3. 하수급인이 그가 사용한 근로자에 대하여 지급하여야 할 임금채무가 있음을 직상 수급인에게 알려주고, 직상 수급인이 파산 등의 사유로 하수급인이 임금을 지급할 수 없는 명백한 사유가 있다고 인정하는 경우

② 「건설산업기본법」 제2조제10호에 따른 발주자의 수급인(이하 "원수급인"이라 한다)으로부터 공사도급이 2차례 이상 이루어진 경우로서 하수급인(도급받은 하수급인으로부터 재하도급 받은 하수급인을 포함한다. 이하 이 항에서 같다)이 사용한 근로자에게 그 하수급인에 대한 제1항제2호에 따른 집행권원이 있는 경우에는 근로자는 하수급인이 지급하여야 하는 임금(해당 건설공사에서 발생한 임금으로 한정한다)에 해당하는 금액을 원수급인에게 직접 지급할 것을 요구할 수 있다. 원수급인은 근로자가 자신에 대하여 「민법」 제404조에 따른 채권자대위권을 행사할 수 있는 금액의 범위에서 이에 따라야 한다.

③ 직상 수급인 또는 원수급인이 제1항 및 제2항에 따라 하수급인이 사용한 근로자에게 임금에 해당하는 금액을 지급한 경우에는 하수급인에 대한 하도급 대금 채무는 그 범위에서 소멸한 것으로 본다.

제45조(비상시 지급)

사용자는 근로자가 출산, 질병, 재해, 그 밖에 대통령령으로 정하는 비상(非常)한 경우의 비용에 충당하기 위하여 임금 지급을 청구하면 지급기일 전이라도 이미 제공한 근로에 대한 임금을 지급하여야 한다.

제46조(휴업수당)

① 사용자의 귀책사유로 휴업하는 경우에 사용자는 휴업기간 동안 그 근로자에게 평균임금의 100분의 70 이상의 수당을 지급하여야 한다. 다만, 평균임금의 100분의 70에 해당하는 금액이 통상임금을 초과하는 경우에는 통상임금을 휴업수당으로 지급할 수 있다.

② 제1항에도 불구하고 부득이한 사유로 사업을 계속하는 것이 불가능하여 노동위원회의 승인을 받은 경우에는 제1항의 기준에 못 미치는 휴업수당을 지급할 수 있다.

제47조(도급 근로자)

사용자는 도급이나 그 밖에 이에 준하는 제도로 사용하는 근로자에게 근로시간에 따라 일정액의 임금을 보장하여야 한다.

제48조(임금대장 및 임금명세서)

① 사용자는 각 사업장별로 임금대장을 작성하고 임금과 가족수당 계산의 기초가 되는 사항, 임금액, 그 밖에 대통령령으로 정하는 사항을 임금을 지급할 때마다 적어야 한다.

② 사용자는 임금을 지급하는 때에는 근로자에게 임금의 구성항목·계산방법, 제43조제1항 단서에 따라 임금의 일부를 공제한 경우의 내역 등 대통령령으로 정하는 사항을 적은 임금명세서를 서면(「전자문서 및 전자거래 기본법」 제2조제1호에 따른 전자문서를 포함한다)으로 교부하여야 한다.

> 급여명세서는 급여발생 수당의 모든 항목이 명시되어야 하고 세금, 4대보험 및 각종 공제들도 명시되어야 합니다.

해석 20 법인대표이사 급여에서 산재보험·고용보험 차감?

대표자는 (법인/개인사업자 모두) 근로기준법상 근로자로 보지 않기에 소득세법상 근로소득 지급 여부와는 상관없이 고용보험 및 산재보험 적용 대상 근로자가 아니지만, 등기임원은 고용 및 산재보험의 의무가입 대상은 아니지만 예외적으로 가입이 가능한 경우도 있다.

임원이란 근로기준법상에는 임원에 대한 기준은 없지만 법인세법 시행령 제20조 제1항 제4호에는 임원을 규정하고 있으며, 상법상으로 보면 임원의 종류에는 이사, 대표이사, 감사가 있으며 일반적으로 등기임원과 비등기 임원(이사대우, 이사, 상무, 전무 등)으로 구분이 될 수 있습니다.

등기임원이라도 매일 출근을 하여야 하는 의무가 있고 대표자로부터 업무지시 등을 받는 등 실제로 근로자와 동일하게 근무를 한다면 근로복지공단에서 판단하여 고용 및 산재보험 가입이 가능할수 있지만, 피보험자로 자격을 인정받기가 어렵다.

▶ 급여성 복리후생
– 교통비, 차량유지비, 효도휴가비, 가족수당('14년 감독 결과 보도자료)
– 식비, 교통비, 기말수당, 건강증진수당, 위험관리수당, 상여금, 자기개발비, 성과급, 보건수당, 복지포인트('15년 감독 보도자료)

▶ 복리후생
– 건강검진 지원('14년 감독 결과 보도자료)
– 종업원할인제도, 생일문화상품권 적용 제외('15년 감독 결과보고)

해석 21 4대보험 일정

매달 10일	주요 일정
매달 10일	4대 보험료 고지부 납부
매달 15일	고용 · 산재보험 근로내용 확인 신고
3월	10일 : 직장가입자 건강보험 보수총액 신고 15일 : 고용 · 산재 보수총액 신고 31일 : 고용 · 산재 개산 · 확정보험료 신고(건설업)
4월	건강, 고용, 산재보험료 정산
6월	성실신고확인대상자 건강보험 보수총액신고
7월	국민연금 보수총액 결정

 4대보험요율(근로자부담) : 국민연금 4.5%, 건강보험 3.49%, 장기요양보험 6.13%, 고용보험(실업금여) 0.9%

궁금해요 22 고용보험 가입대상 나이

고용보험 가입대상 나이는 만 18세 이상의 정규직, 일용직 근로자라면 고용보험에 가입해야 하며, 만 65세 이후에 고용이 되는 근로자의 경우 고용보험 가입대상에서 제외된다.

궁금해요 23 건설업의 경우 고용보험료 신고 · 납부기간?

매년 3월 15일까지 사업주가 퇴직정산 근로자를 제외한 전체 근로자의 연간보수총액을 신고.

-(정상사업장): 매년 3월 31일

-(소멸사업장): 소멸일로부터 14일 이내, 자진신고 (소멸일로부터 30
일 이내)

❓ 궁금해요 24 4대보험 상실일자

① 4대보험 상실신고는 상실일로부터 건강보험은 14일 이내 나머지 보험은 15일까지 사용자가 신고를 하면 된다. 그렇지 않으면 지연 신고로 인한 과태료가 부과될 수 있습니다.

② 고용보험 및 산재보험 과태표 부과

구 분	1차	2차	3차
지연신고/미신고	1人당 3만원		
거짓신고	1人당 5만원	1人당 8만원	1人당 10만원

③ 국민연금 및 건강보험은 과태료 미발생(지연 기간만큼 익월에 가산 부과)

④ 4대보험 상실신고 기간은 공통적으로 퇴사일이 속한 달의 다음 달 15일까지 하면 된다.

※ 4대보험 상실신고 처리기간은 국민연금과 건강보험의 상실신고 처리기간은 원칙적으로 3일이며, 고용보험 및 산재보험 상실신고는 원칙적으로 7일입니다.

(약칭: 고용산재보험료징수법)

고용보험 및 산업재해상보상보험의 보험료징수 등에 관한 법률 제17조(건설업 등의 개산보험료의 신고와 납부) ① 제16조의2제2항에 따른 사업주(이하 이 조부터 제19조까지에서 같다)는 보험연도마다 그 1년 동안(보험연도 중에 보험관계가 성립한 경우에는 그 성립일부터 그 보험연도 말일까지의 기간)에 사용할 근로자(고용보험료를 산정하는 경우에는「고용보험법」제10조 및 제10조의2에 따른 적용 제외 근로자는 제외한다. 이하 이 조에서 같다)에게 지급할 보수총액의 추정액(대통령령으로 정하는 경우에는 전년도에 사용한 근로자에게 지급한 보수총액)에 고용보험료율 및 산재보험료율을 각각 곱하여 산정한 금액(이하 "개산보험료"라 한다)을 대통령령으로 정하는 바에 따라 그 보험연도의 3월 31일(보험연도 중에 보험관계가 성립한 경우에는 그 보험관계의 성립일부터 70일, 건설공사 등 기간이 정하여져 있는 사업으로서 70일 이내에 끝나는 사업의 경우에는 그 사업이 끝나는 날의 전날)까지 공단에 신고·납부하여야 한다. 다만, 그 보험연도의 개산보험료 신고·납부 기한이 제19조에 따른 확정보험료 신고·납부 기한보다 늦은 경우에는 그 보험연도의 확정보험료 신고·납부 기한을 그 보험연도의 개산보험료 신고·납부 기한으로 한다.

② 공단은 사업주가 제1항에 따른 신고를 하지 아니하거나 그 신고가 사실과 다른 경우에는 그 사실을 조사하여 개산보험료를 산정·징수하되, 이미 낸 금액이 있을 때에는 그 부족액을 징수하여야 한다.

③ 사업주는 제1항의 개산보험료를 대통령령으로 정하는 바에 따라 분할 납부할 수 있다.

④ 사업주가 제3항에 따라 분할 납부할 수 있는 개산보험료를 제1항에 따른 납부기한까지 전액 납부하는 경우에는 그 개산보험료 금액의 100분의 5의 범위에서 고용노동부령으로 정하는 금액을 경감한다.

고용보험 및 산업재해보상보험의 보험료징수 등에 관한 법률 제16조의4(일수에 비례한 월별보험료의 산정 등) 다음 각 호의 어느 하나에 해당하는 경우에는 그 근로자에 대한 그 월별보험료는 일수에 비례하여 계산한다.

1. 근로자가 월의 중간에 새로이 고용되거나 고용관계가 종료되는 경우.

2. 근로자가 동일한 사업주의 하나의 사업장에서 다른 사업장으로 전근되는 경우.

3. 근로자의 휴직 등 대통령령으로 정하는 사유에 해당하는 기간이 월의 중간에 걸쳐있는 경우

해석22 입사한 달 4대보험 공제 여부?

구분	입사자		퇴사자 퇴사일	
	국민연금 건강보험	고용	국민연금 건강보험	고용
1일	입사월 4대보험료 모두 부과		**입사월 보험료 미부과** 국민연금 : 정산 X 건강보험 : 정산 O (환수, 환급발생)	퇴직정산으로 보험료 환급 또는 환수
2일~말일	다음달 부터 부과	입사월 부터 부과	입사월 한달(정액)분 보험료 부과 국민연금 : 정산X 건강보험 : 퇴직하는 해당 월의 보험료 + 퇴직정산	

※ 매월 15일까지 신고가 되면 그달에 정산금액이 고지되고, 매월 15일 이후 신고를 하면 그다음 달에 정산금액이 고지된다.

ex) 9월 16일 퇴사를 하며, 공단 마감일이 15일이므로 마감이 지났기 때문에 9월 한 달 보험료가 다 부과되며, 10월 고지에 9월분이 반영되어 차감되어 정산된다.

※ 매년 4월 건강보험료 연말정산이 진행되며, 연말정산 추가보험료는 5회 분할납부 적용되고 있다.

'21년도 직장인 건강보험료 정산금은 1인당 평균 166,000원을 추가 납부 했으며, 소득이 감소한 사람은 101,000원을 돌려받았다.

급여압류한도 및 급여압류 가능금액 확인

민사집행법 제 246조(압류금지채권)

4. 급료·연금·봉급·상여금·퇴직연금, 그 밖에 이와 비슷한 성질을 가진 급여채권의 2분의 1에 해당하는 금액. 다만, 그 금액이 국민기초생활보장법에 의한 최저생계비를 고려하여 대통령이 정하는 금액에 미치지 못하는 경우 또는 표준적인 가구의 생계비를 고려하여 대통령령이 정하는 금액을 초과하는 경우에는 각각 당해 대통령령이 정하는 금액으로 한다.

5. 퇴직금 그 밖에 이와 비슷한 성질을 가진 급여채권의 2분의 1에 해당하는 금액

민사집행법시행령 제3조(압류금지 최저금액)

법 제246조 제1항 제4호 단서에서 「국민기초생활 보장법」에 의한 최저생계비를 감안하여 대통령령이 정하는 금액"이란 월 185만원을 말한다.

민사집행시행령 제3조(압류금지 최저금액)

법 제246조 제1항 제4호 단서에서 "「국민기초생활 보장법」에 의한 최저생계비를 감안하여 대통령령이 정하는 금액"이란 월 185만원을 말한다.

민사집행싱행령 제4조(압류금지 최고금액)

법 제246조 제1항 제4호 단서에서 "표준적인 가구의 생계비를 감안하여 대통령령이 정하는 금액"이란 제1호에 규정된 금액 이상으로서 제1호와 제2호의 금액을 합산한 금액을 말한다.

1. 월 300만원

2. 법 제246조 제1항 제4호 본문에 따른 압류금지금액(월액으로 계산한 금액을 말한다)에서 제1호의 금액을 뺀 금액의 2분의 1 급여수령 시 4대보험과 갑근세 등 제세공과금을 공제한 잔액(실수령액)의 50%를 압류하는 것을 원칙으로 한다. 단, 급여는 기본급 등 본봉과 제수당, 정기적, 부정기적 지급되는 상여를 포함한다.

① 월급여가 150만원 이하라면 압류할 수 있는 금액이 없어진다.

② 월급여가 150만원을 초과하고, 300만원이하라면 150만원을 제외한 나머지 금액만을 압류할 수 있다.

※ 급여 300만원 가정시 [300만원−150만원 = 150만원]만이 압류 가능한 금액이다.

③ 월급여가 300만원을 초과하고 600만원이하라면 월급여의 50%를 초과하는 금액을 압류할 수 있다.

④ 월급여가 600만원을 초과하는 경우에는【300만원+[{급여÷2}−300만원]÷2]】한 금액을 제외하고 압류가 가능하다.

※ 급여 900만원가정시【300+[{900÷2}−300]÷2] = 375만원을 제외】한 525만원을 급여압류 할 수 있다.

제49조(임금의 시효)

이 법에 따른 임금채권은 3년간 행사하지 아니하면 시효로 소멸한다.

해석23 ▶ 소멸시효 기산 시점?

소멸시효는 임금채권을 행사할 수 있는 때부터 기산

- 임금, 상여금 등에 관한 권리가 발생한 날 : 지급(예정)일 다음 날부터 3년
- 퇴직금은 퇴직한 날, 중간정산 퇴직금은 중간정산일(대판 2008.2.1, 2006다20542)
- 연차수당은 최종 4년의 근무기간에 대해 청구 가능(1년간 휴가로 사용 후 다음 해에 수당을 지급하므로 휴가사용권이 소멸한 때로부터 3년의 소멸시효가 적용)

해석24 소멸시효의 공소시효

소멸시효가 완성되더라도 이와 별도로 형사소송법에 따른 공소시효가 만료되지 않았다면 근로기준법 제36조(금품청산)로 형사처벌 가능.

(2014.4.8, 근로개선정책과-702)

장기 5년 미만의 징역에 해당하는 법죄는 공소시효 5년

형사소송법 제249조(공소시효의 기간) ①공소시효는 다음 기간의 경과로 완성한다.

5. 장기 5년 미만의 징역 또는 금고, 장기10년 이상의 자격정지 또는 벌금에 해당하는 범죄에는 5년 때로부터 25년을 경과하면 공소시효가 완성한 것으로 간주한다.

제4장 — 근로시간과 휴식

제50조(근로시간)

① 1주간의 근로시간은 휴게시간을 제외하고 40시간을 초과할 수 없다.

② 1일의 근로시간은 휴게시간을 제외하고 8시간을 초과할 수 없다.

③ 제1항 및 제2항에 따라 근로시간을 산정하는 경우 작업을 위하여 근로자가 사용자의 지휘 · 감독 아래에 있는 대기시간 등은 근로시간으로 본다.

근로시간의 정의

출근해서 퇴근할 때까지 휴게시간을 제외한 나머지 시간은 모두 근로시간으로, 작업을 위하여 사용자의 지휘 · 감독 아래에 있는 대기시간 등은 근로시간으로 봅니다.

ex) 근무복 착 · 탈의, 작업준비시간, 업무대기시간, 작업개시전회의, 종료 후 업무 미팅 등 근로시간으로 인정되면 당연히 임금 지급의무가 발생합니다.

제51조(3개월 이내의 탄력적 근로시간제)

① 사용자는 취업규칙(취업규칙에 준하는 것을 포함한다)에서 정하는 바에 따라 2주 이내의 일정한 단위기간을 평균하여 1주 간의 근로시간이 제50조제1항의 근로시간을 초과하지 아니하는 범위에서 특정한 주에 제50조제1항의 근로시간을, 특정한 날에 제50조제2항의 근로시간을 초과하여 근로하게 할 수 있다. 다만, 특정한 주의 근로시간은 48시간을 초과할 수 없다.

해석 25 3개월 초과 6개월 이내 단위 탄력적 근로시간제 도입 시 근로자대표와 서면합의가 필요하며, 대상근로자 범위, 단위기간, 단위기간의 주별 근로시간, 합의서 유효기간 등 명시

근로자대표의 과반수 노동조합이 있으면 그 노동조합의 대표자, 과반수 노조가 없는 경우에는 근로자들이 자유롭게 선출한 자(노사협의 근로자대표위원 가능)

근로기준법상 근로자 대표의 개념과 서면 합의의 효력 등에 관한 해석기준. (2007.11.29, 근로기준팀-8048)

서면 합의 시 52시간 + 12시간, 최장 64시간까지 근로 가능

---

② 사용자는 근로자대표와의 서면 합의에 따라 다음 각 호의 사항을 정하면 3개월 이내의 단위기간을 평균하여 1주간의 근로시간이 제50조제1항의 근로시간을 초과하지 아니하는 범위에서 특정한 주에 제50조제1항의 근로시간을, 특정한 날에 제50조제2항의 근로시간을 초과하여 근로하게 할 수 있다. 다만, 특정한 주의 근로시간은 52시간을, 특정한 날의 근로시간은 12시간을 초과할 수 없다.

  1. 대상 근로자의 범위
  2. 단위기간(3개월 이내의 일정한 기간으로 정하여야 한다)
  3. 단위기간의 근로일과 그 근로일별 근로시간
  4. 그 밖에 대통령령으로 정하는 사항

③ 제1항과 제2항은 15세 이상 18세 미만의 근로자와 임신 중인 여성 근로자에 대하여는 적용하지 아니한다.

④ 사용자는 제1항 및 제2항에 따라 근로자를 근로시킬 경우에는 기존의 임금 수준이 낮아지지 아니하도록 임금보전방안(賃金補塡方案)을 강구하여야 한다.

제51조의2(3개월 이내의 탄력적 근로시간제)

① 사용자는 근로자대표와의 서면 합의에 따라 다음 각 호의 사항을 정하면 3개월을 초과하고 6개월 이내의 단위기간을 평균하여 1주간의 근로시간이 제50조제1항의 근로시간을 초과하지 아니하는 범위에서 특정한 주에 제50조제1항의 근로시간을, 특정한 날에 제50조제2항의 근로시간을 초과하여 근로하게 할 수 있다. 다만, 특정한 주의 근로시간은 52시간을, 특정한 날의 근로시간은 12시간을 초과할 수 없다.

1. 대상 근로자의 범위
2. 단위기간(3개월을 초과하고 6개월 이내의 일정한 기간으로 정하여야 한다)
3. 단위기간의 주별 근로시간
4. 그 밖에 대통령령으로 정하는 사항

② 사용자는 제1항에 따라 근로자를 근로시킬 경우에는 근로일 종료 후 다음 근로일 개시 전까지 근로자에게 연속하여 11시간 이상의 휴식 시간을 주어야 한다. 다만, 천재지변 등 대통령령으로 정하는 불가피한 경우에는 근로자대표와의 서면 합의가 있으면 이에 따른다.

> 이를 위반할 경우 사용자는 2년 이하의 징역 또는 2천만 원 이하의 벌금이 부과됩니다(동법 제110조)

③ 사용자는 제1항제3호에 따른 각 주의 근로일이 시작되기 2주 전까지 근로자에게 해당 주의 근로일별 근로시간을 통보하여야 한다.

④ 사용자는 제1항에 따른 근로자대표와의 서면 합의 당시에는 예측하지 못한 천재지변, 기계 고장, 업무량 급증 등 불가피한 사유가 발생한 때에는 제1항제2호에 따른 단위기간 내에서 평균하여 1주간의 근로시간이 유지되는 범위에서 근로자대표와의 협의를 거쳐 제1항제3호의 사항을 변경할 수 있다. 이 경우 해당 근로자에게 변경된 근로일이 개시되기 전에 변경된 근로일별 근로시간을 통보하여야 한다.

⑤ 사용자는 제1항에 따라 근로자를 근로시킬 경우에는 기존의 임금 수준이 낮아지지 아니하도록 임금항목을 조정 또는 신설하거나 가산임금 지급 등의 임금보전방안(賃金補塡方案)을 마련하여 고용노동부장관에게 신고하여야 한다. 다만, 근로자대표와의 서면합의로 임금보전방안을 마련한 경우에는 그러하지 아니하다.

⑥ 제1항부터 제5항까지의 규정은 15세 이상 18세 미만의 근로자와 임신 중인 여성 근로자에 대해서는 적용하지 아니한다.

제51조의3(근로한 기간이 단위기간보다 짧은 경우의 임금 정산)

사용자는 제51조 및 제51조의2에 따른 단위기간 중 근로자가 근로한 기간이 그 단위기간보다 짧은 경우에는 그 단위기간 중 해당 근로자가 근로한 기간을 평균하여 1주간에 40시간을 초과하여 근로한 시간 전부에 대하여 제56조제1항에 따른 가산임금을 지급하여야 한다.

제52조(선택적 근로시간제)

① 사용자는 취업규칙(취업규칙에 준하는 것을 포함한다)에 따라 업무의 시작 및 종료 시각을 근로자의 결정에 맡기기로 한 근로자에 대하여 근로자대표와의 서면 합의에 따라 다음 각 호의 사항을 정하면 1개월 (신상품 또는 신기술의 연구개발 업무의 경우에는 3개월로 한다) 이내의 정산 기간을 평균하여 1주간의 근로시간이 제50조제1항의 근로시간을 초과 하지 아니하는 범위에서 1주 간에 제50조제1항의 근로시간을, 1일에 제50조제2항의 근로시간을 초과하여 근로하게 할 수 있다.

> ▶ 근로자 서면 합의가 필요한 경우
> 1. 선택적근로시간제(제52조)
> 2. 근로시간 및 휴게시간의 특례(제59조)
> 3. 연.월차 유급휴가의 대체(제61조)

1. 대상 근로자의 범위(15세 이상 18세 미만의 근로자는 제외한다)
2. 정산기간
3. 정산기간의 총 근로시간
4. 반드시 근로하여야 할 시간대를 정하는 경우에는 그 시작 및 종료 시각
5. 근로자가 그의 결정에 따라 근로할 수 있는 시간대를 정하는 경우에는 그 시작 및 종료 시각
6. 그 밖에 대통령령으로 정하는 사항

② 사용자는 제1항에 따라 1개월을 초과하는 정산기간을 정하는 경우에는 다음 각 호의 조치를 하여야 한다.

1. 근로일 종료 후 다음 근로일 시작 전까지 근로자에게 연속하여 11시간 이상의 휴식 시간을 줄 것. 다만, 천재지변 등 대통령령으로 정하는 불가피한 경우에는 근로자대표와의 서면 합의가 있으면 이에 따른다.

2. 매 1개월마다 평균하여 1주간의 근로시간이 제50조제1항의 근로시간을 초과한 시간에 대해서는 통상임금의 100분의 50 이상을 가산하여 근로자에게 지급할 것. 이 경우 제56조제1항은 적용하지 아니한다.

제53조(연장 근로의 제한)

① 당사자 간에 합의하면 1주 간에 12시간을 한도로 제50조의 근로시간을 연장할 수 있다.

② 당사자 간에 합의하면 1주 간에 12시간을 한도로 제51조 및 제51조의2의 근로시간을 연장할 수 있고, 제52조제1항제2호의 정산기간을 평균하여 1주 간에 12시간을 초과하지 아니하는 범위에서 제52조제1항의 근로시간을 연장할 수 있다.

해석26 ▶ 토 · 일요일 근무하는 경우 지급수당

제55조(휴일) ①항에 근거하여 평일 주어진 근무를 모두 하였으므로 1일의 유급휴일이 주어지는데 이날 근무를 하였으므로 휴일(주말)근무가 되어 1.5배를 가산한 휴일수당이 지급됩니다.

- 8시간 이하 근무 시 시급 × 1.5배가 가산되며,

- 8시간 이상 근무 시 시급 × 2.0배로 계산됩니다.

- 휴일 야간근무(22시~6시)가 발생되었다면 시급×2배로 계산됩니다.

해석27 ▶ 연장근무 발생 시 수당 산정기준?

제56조(연장·야간 및 휴일근로) ①항에 의하여 통상임금의 100분의 50 이상 가산하여 지급

※ 월급여가 200만 원이라면 200만 원/209Hr × 1.5배 × (발생 연장시간)

③ 상시 30명 미만의 근로자를 사용하는 사용자는 다음 각 호에 대하여 근로자대표와 서면으로 합의한 경우 제1항 또는 제2항에 따라 연장된 근로시간에 더하여 **1주 간에 8시간을 초과하지 아니하는 범위에서 근로시간을 연장**할 수 있다.

1. 제1항 또는 제2항에 따라 연장된 근로시간을 초과할 필요가 있는 사유 및 그 기간

2. 대상 근로자의 범위

④ 사용자는 특별한 사정이 있으면 고용노동부장관의 인가와 근로자의 동의를 받아 제1항과 제2항의 근로시간을 연장할 수 있다. 다만, 사태가 급박하여 고용노동부장관의 인가를 받을 시간이 없는 경우에는 사후에 지체 없이 승인을 받아야 한다.

⑤ 고용노동부장관은 제4항에 따른 근로시간의 연장이 부적당하다고 인정하면 그 후 연장시간에 상당하는 휴게시간이나 휴일을 줄 것을 명할 수 있다.

⑥ 제3항은 15세 이상 18세 미만의 근로자에 대하여는 적용하지 아니한다.

⑦ 사용자는 제4항에 따라 연장 근로를 하는 근로자의 건강 보호를 위하여 건강검진 실시 또는 휴식시간 부여 등 고용노동부장관이 정하는 바에 따라 적절한 조치를 하여야 한다.

해석 28 ▶ Ⅲ. 노동부령 제240호(2005.10.7. 공포사항)

■ 개정사유

- 근로자의 업무상 질병을 예방하고 근로자의 평생건강관리를 효율적으로 지원하기 위하여 근로자 건강진단 체계를 합리적으로 개편하는 한편, 그밖에 현행제도의 운영상 나타난 일부 미비점을 개선·보완하려는 것임.

■ 주요 내용

- 채용 시 건강진단 실시의무 폐지(제98조 제1호 삭제, 제98조의2)

(1) 이미 채용된 근로자에 대하여 유해부서 배치 여부를 판단하기 위하여 사업주가 실시하는 채용 시 건강진단이 오히려 사업주가 질병이 있는 자의 고용기회를 제한하는 채용 신체검사로 잘못 활용되는 문제점이 있음.

(2) 사업주에게 부과된 채용 시 건강진단 실시 의무를 폐지함

(3) 채용 시 건강진단을 통한 고용기회의 제한 및 규제가 해소될 것으로 기대됨. [2005년도 산업안전보건법 시행규칙 주요 개정 내용 6 - 채용 시 건강검진(등록일 2005.11.30. 관리과)]

업무 배치 전 시행하는 건강검진

투입 전 배치 전 건강검진 실시

▶ 투입 후 유해인자에 따른 특수 건강검진 실시(보통 6개월~12개월 이내)

▶ 결과확인 후 사후관리

배치 전 건강검진에서 가장 많이 헷갈리는 부분 Q&A

Q. 배치전 건강검진을 시행해야 하는 직종은?

A. 전 직종이 시행하는 것이 맞습니다.

유해인자 물질을 쓰지 않아도 건설업 특성상 소음, 광물성 분진은 전 근로자에게 노출되며 노출빈도와 노출량과 상관없이, 단 하루라도 일을 하게 된다면 모두 건강진단 대상이라고 합니다.

Q. 근로자가 채용전 건강검진 혹은 일반건강검진 결과표를 가지고 온 경우 이도 인정이 되나요?

A. 인정되지 않습니다.

배치전 건강검진은 배치 예정업무(특수건강검진 대상 유해인자 취급)에 적합성 평가를 보는 검진으로 일반건강검진이나 채용전건강검진 결과로 대처되지 않습니다.

Q. 건강검진을 미 시행하게 되면 어떻게 되나요?

A. 법 제129조제1항 또는 제130조제1항부터 제3항까지의 규정을 위반하여 근로자의 건강진단을 미실시한 경우 (일반건강검진, 특수건강검진, 배치전건강검진, 수시건강검진) 대상근로자 1명당 10만 원의 과태료를 내게 됩니다.

[출처 보건관리자, 건설업 배치전 / 특수 건강검진 Q&A]

원래 근로자가 현장에 투입되기 전에 '배치 전 건강검진'을 진행 후 결과지를 지참하여 현장에 투입하는 것이 맞습니다. 단, 다른 사업장에서 해당 유해인자에 대한 건강진단을 받은 지 6개월이 지나지 않았다면 결과지 사본 제출 시 건강검진 면제가 가능합니다.

[산업안전보건법 시행규칙 제203조(배치 전 건강진단 실시의 면제)]

제54조(휴게)

① 사용자는 근로시간이 4시간인 경우에는 30분 이상, 8시간인 경우에는 1시간 이상의 휴게시간을 근로시간 도중에 주어야 한다.

해석30 근로자의 날과 주휴일 중복시 처리

※ 주휴일과 근로자의 날(5.1)이 중복된 경우 휴일 여부 부여 방법

근로기준법 제30조(주휴일) 및 제54조(유급휴일)에 의하여, 근로자의 날은 「근로자의 날 제정에 관한 법률」에 의하여 근로기준법상 유급휴일로 인정된 날이며, '유급휴일'이라 함은 근로를 제공하였더라면 지급 받을 수 있었던 금액을 지급받으면서 근로제공의 의무는 없는 것으로 정하여진 날입니다. 다만 근로자의 날이 주휴일 등 유급휴일과 겹칠 경우에는 1일만 지급하며 될 것입니다.(근로기준과-2116, '04.4.29) 따라서, 사업자의 근무 스케줄에 따라 주휴일이 정해졌고 일부 근로자의 해당 주휴일이 근로자의 날('16.5.1)과 중복된 경우에는 근로자에게 유리한 하나의 휴일만 인정하면 되고, 별도로 추가 휴일을 부여할 의무는 없을것입니다. (근로기준과-2571, '05.1.11), (근로기준정책과-6852, 2016.11.1)

해석 31 휴일(일요일) 근로자의 날 근무하면 수당은 2.5배 지급?

일요일이 소정근로일이라면(월급제 근로자의 경우) 원래 지급받던 임금 외에 1.5배로 가산한 휴일근로수당을 추가로 지급받을 수 있습니다. 다만, 2.5배가 적용되는 경우는 시급제/일급제 근로자에 한합니다. (근로기준정책과-6852, 2016.11.1)

해석 32 4시간 휴게시간 부여기준?

4시간을 근무해도 30분 이상의 휴게시간을 근무시간 중간에 부여해야 하며, 원칙적으로 휴게시간 없이 바로 퇴근하는 것도 위법하다고 볼 수 있습니다. - 한국노총 부천상담소 -

해석 33 단체협약 또는 취업규칙 등에서 "질병이나 부상 외의 사유로 인한 지각, 조회 및 외출은 누계 8시간을 연간 1일로 계산한다." 라는 규정을 두는 것은 당해 사업장 근로자의 인사, 복무관리 차원에서의 노사 간 특약으로 볼 수 있으며, 해당자가 부여받을 수 있는 연간 일수에서 공제하는 것이므로 근로기준법에 위헌된다고 볼 수 없다.

사용자가 이 내용을 취업규칙에 명확히 기재한다면, 근로자가 개인적인 사유로 지각, 조퇴, 외출하는 경우 그 시간을 누계하여 8시간이 되었을 때 연차 1일로 차감할 수 있을 것이다. (근기 68207-157, 2000.01.22)

> 휴게시간은 매일 동일한 시간에 규칙적으로 부여할 의무까지는 없다고 해석되지만, 최소한 근로시작 사전에 휴게시간을 알 수 있도록 하여야 한다.

② 휴게시간은 근로자가 자유롭게 이용할 수 있다.

제55조(휴일)

① 사용자는 근로자에게 1주에 평균 1회 이상의 유급휴일을 보장하여야 한다.

② 사용자는 근로자에게 대통령령으로 정하는 휴일을 유급으로 보장하여야 한다. 다만, 근로자대표와 서면으로 합의한 경우 특정한 근로일로 대체할 수 있다.

사용자는 1주일 동안 소정의 근로일수를 개근한 노동자에게 1주일에 평균 1회 이상의 유급휴일을 주어야 한다'고 명시되어 있다. 이 때 유급휴일에 받는 것을 주휴 수당이라고 한다.

ex) 근로자가 계약에 따라 하루 6시간씩 주 6일을 모두 근무하였다면 하루를 쉬더라도 하루 분 급여(6시간×시급)을 별도 산정하여 추가로 지급해야 한다는 것을 뜻한다.

토요일의 성격은 무급휴일이다 ≠ 휴일 아님

근기법 제55조에서 사용자는 주1회 이상 유급휴일을 주도록 규정하고 있으므로, 소정근로일은 5일(월~금요일), 법상 유급휴일 1일(통상 일요일)과 나머지 1일(통상 토요일)은 노사가 별도로 정하지 않는 이상 무급휴무일이다.

근로기준법 시행령 제30조(휴일)

②법 제55조2항 본문에서 "대통령으로 정하는 휴일이란 [관공서의 공휴일에 관한 규정] 제2조 각호(제1호는 제외한다)에 따른 공휴일 및 같은 영 제3조에 따른 대체공휴일을 말한다.

❓ 궁금해요 25 법정공휴일 수당지급 및 대체휴일 적용

사용자는 근로기준법 제55조 제2항에 따라 근로자에게 공휴일을 유급으로 보장하여야 하며, 근로자대표와 서면으로 합의한 경우 특정한 근로일로 대체할 수 있다.

30인 이상 사업장의 경우, 법정공휴일 8시간 이내 통상임금의 1.5배, 8시간 초과 통상임금의 2배의 수당을 지급해야 할 것입니다.

단체협약, 취업규칙 등에서 특정된 휴일을 근로일로 하고 대신 통상의 근로일을 휴일로 교체할 수 있도록 하는 규정을 두고 있는 경우에는 사전에 근로자에게 교체할 휴일을 특정하여 고지하면 다른 특별한 사정이 없는 한 이는 적법한 휴일대체가 되어 원래의 휴일은 통상의 근로일이 되고 그날의 근로는 휴일근로가 아닌 통상근로가 된다.

> *사전고지가 되어 있다면 대체휴일에 대한 가산수당 지급의무가 없음*
>
> *※ 사전고지 해석: 노동부 해석근거 24시간 이전에 고지된 경우 휴일 대체 시 가산수당 지급의무 없음*

❓ 궁금해요 26 회사에서 근로자 위원을 선출하고자 하는데 근로자위원의 대상?

근로자참여 및 협력증진에 관한 법률(근참법) 제6조 및 시행령 제4조에 의해 근로자위원 선발기준에 따른 법 기준은 명시하지 않고 있으나, 일반적으로 근로자 위원 선출에서 제외되는 근로자는 다음과 같다.

① 1년 미만 재직 중인 자

②보직자(ex. 차장 이상)

③ 사용자를 위해 행위하는 자(인사, 노무, 회계 담당자, 기사, 비서 등)

근로자참여 및 협력증진에 관한 법률 제6조(협의회의 구성)

① 협의회는 근로자와 사용자를 대표하는 같은 수의 위원으로 구성하되, 각 3명 이상 10명 이하로 한다.

② 근로자를 대표하는 위원(이하 "근로자위원"이라 한다)은 근로자 과반수가 참여하여 직접·비밀·무기명 투표로 선출한다. 다만, 사업 또는 사업장의 특수성으로 인하여 부득이한 경우에는 부서별로 근로자 수에 비례하여 근로자위원을 선출할 근로자(이하 이 조에서 "위원선거인"이라 한다)를 근로자 과반수가 참여한 직접·비밀·무기명 투표로 선출하고 위원선거인 과반수가 참여한 직접·비밀·무기명 투표로 근로자위원을 선출할 수 있다.

---

③ 제2항에도 불구하고 사업 또는 사업장에 근로자의 과반수로 조직된 노동조합이 있는 경우에는 근로자위원은 노동조합의 대표자와 그 노동조합이 위촉하는 자로 한다.

④ 사용자를 대표하는 위원(이하 "사용자위원"이라 한다)은 해당 사업이나 사업장의 대표자와 그 대표자가 위촉하는 자로 한다.

⑤ 근로자위원이나 사용자위원의 선출과 위촉에 필요한 사항은 대통령령으로 정한다.

[판례 47] 퇴사하는 주에 주휴수당은 지급?

근로기준법 제55조 제1항에 따른 주휴일은 연속된 근로에서의 피로회복 등을 위한 것으로서 유급휴일의 특별규정이 적용되기 위해서는 '평상적인 근로관계' 즉, 근로자가 근로를 제공하여 왔고 계속적인 근로제공이 예정되어 있는 상태가 전제되어 있어야 합니다. (대법 2013.11.28, 2011다39946)

사직 등으로 다음 주 근무가 예정되어 있지 않다면 비록 마지막 주를 개근하더라도 주휴 자체가 발생하는 대상이 아니라고 보아 유급주휴도 발생하지 않습니다.

기본적으로 주휴수당에 관해서는 "근로기준법 제55조(휴일) 및 근로기준법 시행령 제30조(휴일)"에 의거 1주일 동안 소정의 근로일수(1주일 소정근로시간이 15시간 이상이어야 함)를 개근한 근로자에게 1주일에 평균 1회 이상의 유급휴일을 주어야 하며, 이 유급휴일을 주휴일이라고 합니다. 그리고 사용자는 주휴일에 통상적인 근로일의 하루 치 시급을 주급과 별도로 산정해서 근로자에게 주어야 하는데 이것이 주휴수당입니다.

그리고 일반적으로 사업장에서는 주휴일이 일요일이므로, 기본적으로 주휴수당은 해당주의 소정근로일을 만근하였을 경우에 일요일을 유급휴일로 정해서 주휴수당이 발생하게 되며, 만약 퇴사하는 주에 만근 시, 그리고 해당 퇴사하는 주의 마지막 근로일이 금요일이라고 한다면, 그 해당 금요일에 실근로를 제공하였다면 퇴직일은 마지막 근로일의 다음 날인 토요일입니다. 따라서 이 같은 경우에 금요일까지 일한 임금은 계산되어서 지급되어야 할 것이나, 퇴직일 이후 (즉 토요일 이후)에는 근로계약관계가 더이상 존재하지 않기에 주휴수당은 발생하지 않습니다.

그러나 만약 퇴사일이 월요일이 될 경우에는 주휴수당이 발생할 수도 있을 것입니다.

퇴사일 이후 1주일 무단결근하고 다음 주 월요일 퇴사했다고 하더라도, 근로를 제공하지 않았기 때문에 주휴수당은 지급되지 않습니다.

주휴수당 지급조건은 상시근로자 수와 관계없이 모든 사업장 적용

① 1주일에 15시간 이상(휴게시간 제외) 근로조건

② 일하기로 정한 날을 개근해야 함

③ 다음 주 근로가 예정되어 있어야 함

※ 임금체불 시 근로기준법 제110조에 위반되어 2년 이하의 징역 또는 2천만 원 이하의 벌금이 발생함.

근로자의 날 수당

수당유형	월급	근로임금(100%) + 휴일수당 = 임금의 150% (8시간 이내인 경우 50% 초과시 100%)
	시급	근로임금(100%) + 유급수당(100%) + 휴일수당 = 임금의 250% (8시간 이내인 경우 50% 초과시 100%)

① 월급제의 경우 급여에는 "근로자의 날"에 대한 것이 포함되어 있으며, 수당을 지급하지지 않는다면 보상휴가를 줄 수 있음(근로시간의 1.5배)

② 가산임금 미지급 3년이하 또는 2,000만원의 벌금이 부과

③ (월급) 휴일근로(100%) + 휴일근로 가산수당 50% = 150% 지급

④ (시급) 유급휴일수당(100%) + 휴일근로(100%) + 휴일근로가산수당 50% = 250%지급

해석34 근로자의 날에 쉬지 않고 근무를 한다면 휴일근로수당으로 1.5배의 추가 가산임금을 지급 받으셔야 합니다. 추가 가산임금을 받는 대신 사용자와 근로자대표와의 합의로 1.5일의 보상휴일을 보장받으실 수도 있습니다. —정태환 노무사—

해석35 근로자의 날은 휴일 대체가 불가하다.

근로자의 날은 법률로서 5월 1일을 특정하여 유급휴일로 정하고 있으므로 다른 날로 대체할 수 없다고 보아야 함(근기-829, '04.2.19)

[판례 48] 근로자의 날의 근로에 대하여는 휴일근로수당을 지급하거나 보상휴가제를 실시할 수 있다.

근로자의 날은 주휴일과 같이 근로자에게 적용되는 휴일이므로 해당 일에 근로제공을 한 때에는 「근로기준법」 제56조에 따라 휴일근로수당으로 통상임금의 100분의 50 이상을 가산하여 지급하여야 함. (대판 90다14089, '91.5.14)

또한 「근로기준법」 제57조에서 같은 법 제56조의 야간·휴일·연장근로에 대하여 보상휴가제를 실시할 수 있다고 규정하고 있을 뿐 근로자의 날을 제외하고 있지 않으므로 근로자의 날의 근로에 대하여 임금을 지급하는 것을 갈음하여 휴가를 부여할 수 있음(임금근로시간정책팀-2363, '07.7.13)

제56조(연장·야간 및 휴일 근로)

① 사용자는 연장근로(제53조·제59조 및 제69조 단서에 따라 연장된 시간의 근로를 말한다)에 대하여는 통상임금의 100분의 50 이상을 가산하여 근로자에게 지급하여야 한다.

휴일근로가산수당 지급 (22년 개정 근로기준법 내용 中)

"휴일근로수당"이란 휴일로 정해진 공휴일에 불가피하게 일을 하게 된다면 통상임의 1.5배를 지급하거나 보상휴가 제공

※일당 4만원 알바: 4만원+4만원(유급휴일수당)+2만원(휴일가산수당) = (시급×근로시간)의 2.5배 지급

※ 월급제 직원 : 1안. (월급/209) × 1.5(휴일가산수당) × 8시간

2안. 근무시간 × 0.5배 만큼 보상휴가 제공

---

② 제1항에도 불구하고 사용자는 휴일근로에 대하여는 다음 각 호의 기준에 따른 금액 이상을 가산하여 근로자에게 지급하여야 한다.

1. 8시간 이내의 휴일근로: 통상임금의 100분의 50

2. 8시간을 초과한 휴일근로: 통상임금의 100분의 100

해석36 일방적 연장근로에 가산임금 지급의무 여부?

1. 연장근로는 당사자 합의를 요건으로 하므로 근로자의 일방적 연장근로에 대해 임금이나 가산임금을 지급할 의무는 원칙적으로 없음.

2. 연장근로가 필요한 때에는 사용자의 승인을 얻도록 하는 등 사용자의 지휘 · 감독 아래 연장근로가 이루어지도록 근로시간을 관리할 필요가 있음.

3. 단, (1) 연장근로가 불가피할 정도로 업무량이 많은 경우 (2) 사용자가 지시하거나 묵인한 사정이 있는 경우 (3) 사용자가 근로자의 자발적인 연장근로를 사전에 인지한 정황이 있는 경우에는 임금(가산임금)을 지급할 의무가 있음

해석37 법정한도를 초과하는 위법한 연장근로의 효과

• 형사처벌: 2년 이하 징역 또는 2천만 원 이하 벌금(법 제110조 제1호)

• 가산임금 지급 의무 위반 시 3년 이하 징역 또는 3천만 원 이하 벌금(법 제109조)

• 법정한도 초과 연장근로를 규정한 취업규칙이나 단체협약 등의 규정은 무효

③ 사용자는 야간근로(오후 10시부터 다음 날 오전 6시 사이의 근로를 말한다)에 대하여는 통상임금의 100분의 50 이상을 가산하여 근로자에게 지급하여야 한다.

■해석38▶ 야간근로시간은 몇 시?

원칙적으로 연장, 휴일, 야간근로(오후 10시부터 다음 날 오전 6시 사이의 근로)에 대하여 통상임금의 100분의 50 이상을 가산하여 지급하여야 하며, 이는 상시 사용하는 근로자의 수가 5인 이상의 경우에 적용된다.

제57조(보상 휴가제)

사용자는 근로자대표와의 서면 합의에 따라 제51조의3, 제52조제2항제2호 및 제56조에 따른 연장근로·야간근로 및 휴일근로 등에 대하여 임금을 지급하는 것을 갈음하여 휴가를 줄 수 있다.

■해석39▶ 보상휴가 미사용과 임금 지급

보상휴가제는 임금지급 대신 휴가를 부여하는 제도이므로 근로자가 자신의 귀책사유로 인해 휴가를 사용하지 않은 경우에도 그에 대한 임금을 지급해야 하며(2020.2.20, 임금근로시간과-376)

보상휴가를 정해진 기간 내에 사용하지 않으면 임금도 소멸한다는 내용인 취업규칙 등의 규정은 근로기준법 제56조 위반으로 무효이며,

휴가 미사용이 확정된 날 이후 처음 맞이하는 정기 임금지급일에 미사용 보상휴가에 상당하는 금액(휴가 사용이 가능했던 마지막 달 통상임금 기준)을 지급하여야 함.

노사가 서면합의서에서 보상휴가를 재직 중 적치 분할해서 사용하기로 하고, 미사용 보상휴가에 대해서는 퇴직 시에 수당으로 지급하기로 했다면, 미사용수당 발생 시기는 퇴직 시이고 동 채권의 소멸시효도 퇴직 시부터 가산(2012.11.26, 근로개선정책과-7212)

해석40 ▶ 보상휴가 미사용수당과 평균임금

만약 6개월 단위로 보상휴가제를 실시하고 정산하는 경우, 평균임금 산정사유 발생일 이전에 이미 발생한 보상휴가미사용수당액의 3/6을 평균임금 산정 기준임금에 포함하는 것이 타당하다는 행적해석이 있음. (2014.1.24, 근로개선정책과-370)

근로기준법 제36조(금품 청산) 사용자는 근로자가 사망 또는 퇴직한 경우에는 그 지급 사유가 발생한 때부터 14일 이내에 임금, 보상금, 그 밖의 모든 금품을 지급하여야 한다. 다만, 특별한 사정이 있을 경우에는 당사자 사이의 합의에 의하여 기일을 연장할 수 있다.

※ 보상휴가를 미사용하고 퇴직 시 법 제36조의 금품청산 기한(14일)내 지급

① 가족돌봄휴직에서 부여되는 연간 90일의 휴직기간 중 일정 기간을 하루 단위로 사용할 수 있는 휴가제도

② "근로자"가 가족의 질병, 사고, 노령 또는 자녀의 양육으로 인해서 긴급하게 가족에 대한 "돌봄"이 필요할 수 있는 "무급휴가"

③ 1일 단위로, 연간 최대 10일 사용(근로자&사용자 간의 협의가 필요)

– 가족돌봄휴가를 사용하는지 사유서 제출 원칙

④ 만 8세 이하 or 초등학교 2학년 이하의 자녀, 만 18세 이하의 장애

인 자녀

⑤ 지원금은 1일 8시간 5만 원으로 최대 10일 지원(50만 원까지), 단 유급휴가 사용한 경우는 제외

남녀고용평등과 일 · 가정 양립 지원에 관한 법률 제22조의 2 (남녀고용평등법) 배경

가족돌봄휴가는 현행 가족돌봄휴직에서 부여되는 연간 90일의 휴직기간 중 일정 단위를 하루 단위로 사용할 수 있는 제도이다.

질병, 사고, 노령으로 인해 (부모, 자녀, 배우자, 배우자의 부모)을 가족을 돌봐야 하는 경우에 신청하는 가족돌봄휴직은 최소 30일 이상을 한 번에 사용해야 한다는 점에서 단기간 돌봄이 필요한 경우에는 실효성이 떨어진다는 단점이 있다. 이러한 단점을 보완하고 제도를 활성화 시키기 위해 2019년 8월〈남녀고용평등과 일 · 가정 양립 지원에 관한 법률(남녀고용평등법)〉의 일부 개정안이 의결되면서 가족돌봄휴가가 2019년 10월부터 시행되었다.

가족돌봄휴가는 최소 30일이 아니라 하루 단위의 휴가 신청이 10일까지 가능하다. 다만 감염병의 확산 등을 원인으로 재난 위기경보가 발령되거나, 이에 준하는 대규모 재난이 발생한 경우로서 근로자가 가족을 돌볼 필요가 인정될 경우 휴가 기간을 최대 10일까지 더 연장할 수 있다.

가족돌봄휴가와 현행 가족돌봄휴직 기간의 합은 연간 90일을 초과할 수 없다.

가족돌봄휴가는 가족돌봄휴직에서 인정하는 가족의 질병, 사고, 노령으로 인한 사유 외에 자녀 양육으로 인한 사유도 허용한다. 가족의 범위 또한 현행 가족돌봄휴직에서 인정하는 부모, 배우자, 자녀, 배우자 부모 외에 조부모와 손자녀로까지 확대 적용된다.

제58조(근로시간 계산의 특례)

① 근로자가 출장이나 그 밖의 사유로 근로시간의 전부 또는 일부를 사업장 밖에서 근로하여 근로시간을 산정하기 어려운 경우에는 소정근로시간을 근로한 것으로 본다. 다만, 그 업무를 수행하기 위하여 통상적으로 소정근로시간을 초과하여 근로할 필요가 있는 경우에는 그 업무의 수행에 통상 필요한 시간을 근로한 것으로 본다.

② 제1항 단서에도 불구하고 그 업무에 관하여 근로자대표와의 서면 합의를 한 경우에는 그 합의에서 정하는 시간을 그 업무의 수행에 통상 필요한 시간으로 본다.

③ 업무의 성질에 비추어 업무 수행 방법을 근로자의 재량에 위임할 필요가 있는 업무로서 대통령령으로 정하는 업무는 사용자가 근로자대표와 서면 합의로 정한 시간을 근로한 것으로 본다. 이 경우 그 서면 합의에는 다음 각 호의 사항을 명시하여야 한다.

1. 대상 업무
2. 사용자가 업무의 수행 수단 및 시간 배분 등에 관하여 근로자에게 구체적인 지시를 하지 아니한다는 내용
3. 근로시간의 산정은 그 서면 합의로 정하는 바에 따른다는 내용

④ 제1항과 제3항의 시행에 필요한 사항은 대통령령으로 정한다.

제59조(근로시간 및 휴게시간의 특례)

① 「통계법」 제22조 제1항에 따라 통계청장이 고시하는 산업에 관한 표준의 중분류 또는 소분류 중 다음 각 호의 어느 하나에 해당하는 사업에 대하여 사용자가 근로자대표와 서면으로 합의한 경우에는 제53

조제1항에 따른 주(週) 12시간을 초과하여 연장근로를 하게 하거나 제54조에 따른 휴게시간을 변경할 수 있다.

근로기준법 제59조에 따라 통계법 제22조 제1항에 따라 통계청장이 고시하는 다음의 사업에 대하여 사용자와 근로자대표가 서면 합의한 경우 1주 12시간을 초과하여 연장근로를 할 수 있고, 근로기준법 제54조에 따른 휴게시간을 변경할 수 있습니다. 이때 근로일 종료 후 다음 근로일 개신 전까지 근로자에게 연속하여 11시간 이상의 휴식 시간을 주어야 합니다.

통계법 제22조(표준분류)
① 통계청장은 통계작성기관이 동일한 기준에 따라 통계를 작성할 수 있도록 국제표준분류를 기준으로 산업, 직업, 질병·사인(死因) 등에 관한 표준분류를 작성·고시하여야 한다. 이 경우 통계청장은 미리 관계 기관의 장과 협의하여야 한다.

1. 육상운송 및 파이프라인 운송업. 다만, 「여객자동차 운수사업법」 제3조 제1항제1호에 따른 노선(路線) 여객자동차운송사업은 제외한다.

2. 수상운송업

3. 항공운송업

4. 기타 운송 관련 서비스업

5. 보건업

② 제1항의 경우 사용자는 근로일 종료 후 다음 근로일 개시 전까지 근로자에게 연속하여 11시간 이상의 휴식 시간을 주어야 한다.

제60조(연차 유급휴가)

① 사용자는 1년간 80퍼센트 이상 출근한 근로자에게 15일의 유급휴가를 주어야 한다.

[판례 49] 연차휴가 사용권리

연차휴가를 사용할 권리는 다른 특별한 정함이 없는 한 그 전년도 1년간의 근로를 마친 다음 날 발생한다고 보아야 하므로, 그 전에 퇴직 등으로 근로관계가 종료한 경우에는 연차휴가를 사용할 권리에 대한 보상으로서의 연차휴가수당도 청구할 수 없다. (대법원 2021.10.14. 선고 2021다227100 판결)

1년의 근로를 마친 다음날(366일째) 근로관계가 유지되고 있어야 15일의 연차가 발생하고, 퇴직에 따른 연차미사용 수당도 청구할 수 있음. 기간제근로자, 정규직 근로자의 사직, 정년, 해고 동일하게 적용. (고용노동부 행정해석 변경 2021.12.16)

고용부의 해석 변경은 21.10.14. 대법원 판결에 따른 것이다.

• 당시 대법원은 "1년 기간제 근로계약을 체결한 근로자에게는 최대 11일의 연차가 부여된다."고 했고, 1년간 80% 이상 출근한 근로자에게 주어지는 15일의 연차는 그 **1년의 근로를 마친 다음 날 근로관계가 있어야 발생**하므로 "1년 계약직"에게는 주어지지 않는다는 취지로 판단했다.

• 이 판결에 따르면, 365일 근로 후 퇴직할 경우 최대 11일분의 연차 미사용 수당만 청구가 가능하며(연차를 전혀 사용하지 않은 경우), 366일 근로하고 퇴직하는 경우에는 추가 15일분까지 최대 26일분에 대한 미사용 수당 청구가 가능하다.

고용부의 해석변경('21.10.14. 대법원 판결)

• 당시 대법원은 "1년 기간제 근로계약을 체결한 근로자에게는 최대 11일의 연차가 부여된다."고 했고,
– 1년간 80% 이상 출근한 근로자에게 주어지는 15일의 연차는 그 1년의 근로를 마친 다음 날 근로관계가 있어야 발생하므로 "1년 계약직"에게는 주어지지 않는다는 취지로 판단했다.
• 이 판결에 따르면, 365일 근로 후 퇴직할 경우 최대 11일분의 연차 미사용 수당만 청구가 가능하며(연차를 전혀 사용하지 않은 경우), 366일 근로하고 퇴직하는 경우에는 추가 15일분까지 최대 26일분에 대한 미사용 수당 청구가 가능하다.

② 사용자는 계속하여 근로한 기간이 1년 미만인 근로자 또는 1년간 80퍼센트 미만 출근한 근로자에게 1개월 개근 시 1일의 유급휴가를 주어야 한다.

해석 41 ▶ 퇴사 시 잔여 연차정산금 평균임금 산입 여부?

연차휴가는 매년 미사용한 휴가 일수에 대해서 수당으로 지급해야 하며 이를 지급하지 않았다면 체불임금에 해당합니다. 체불된 연차휴가수당을 퇴사 시 일시에 지급을 했다 하더라도 퇴직금 정산 시에는 수당청구권이 발생한 시점을 기준으로 연차휴가수당을 평균임금에 산입하기 때문에 퇴직 전 1년간 지급받아야 했던(수당청구권이 발생 된 시점의 금액) 수당만 평균임금에 포함하시면 됩니다.

예를 들어 '08.7.1에 퇴사를 한다면 '06.1.1~12.31 기간의 출근율에

의해서 '07.1.1에 발생한 연차휴가를 07.12.31까지 사용 후 미사용한 일수에 대해서 08.1.1에 수당청구권으로 발생한 수당을 평균임금에 포함하게 됩니다.

그리고 연차휴가는 사업에 막대한 지장을 초래한다면 근로자의 연차휴가사용청구에 대해 회사가 그 사용시기를 변경토록 할 권한만 있을 뿐, 연차휴가 사용 그 자체를 거부할 수 없으므로, 퇴직예정 근로자가 사업에 막대한 지장을 초래하지 않는 범위 내에서 연차휴가를 퇴직일 즈음에 사용할 것을 신청하였다고 하여 이를 제한할 수는 없습니다. 따라서 퇴직일 직전에 연차휴가사용을 제한한다는 것은 법적인 취지에 맞지 않습니다. (출처: 노동OK)

1년 근로를 마친 날(365일) 근로관계가 종료된 경우 연차휴가를 사용할 권리에 대한 보상으로서 연차휴가수당을 청구할 수 없으므로 11개의 연차휴가만 인정한다(대법원판결, 고용노동부 해석)

근로기준법 제60조(연차유급휴가) 제2항과 제1항이 중첩적 적용된다고 볼 수 없다는 대법원 해석

※ 근로기준법 제60조(연차 유급휴가)

① 사용자는 1년간 80퍼센트 이상 출근한 근로자에게 15일의 유급휴가를 주어야 한다.

② 사용자는 계속하여 근로한 기간이 1년 미만인 근로자 또는 1년간 80퍼센트 미만 출근한 근로자에게 1개월 개근 시 1일의 유급휴가를 주어야 한다.

첨부: 대법원 판결(2021.10.14. 선고 2021다227100) 이후 행정해석을 변경 주요 Q&A

④ 사용자는 3년 이상 계속하여 근로한 근로자에게는 제1항에 따른 휴가에 최초 1년을 초과하는 계속 근로 연수 매 2년에 대하여 1일을 가산한 유급휴가를 주어야 한다. 이 경우 가산휴가를 포함한 총 휴가 일수는 25일을 한도로 한다.

⑤ 사용자는 제1항부터 제4항까지의 규정에 따른 휴가를 근로자가 청구한 시기에 주어야 하고, 그 기간에 대하여는 취업규칙 등에서 정하는 통상임금 또는 평균임금을 지급하여야 한다. 다만, 근로자가 청구한 시기에 휴가를 주는 것이 사업 운영에 막대한 지장이 있는 경우에는 그 시기를 변경할 수 있다.

⑥ 제1항 및 제2항을 적용하는 경우 다음 각 호의 어느 하나에 해당하는 기간은 출근한 것으로 본다.

⑦ 제1항·제2항 및 제4항에 따른 휴가는 1년간(계속하여 근로한 기간이 1년 미만인 근로자의 제2항에 따른 유급휴가는 최초 1년의 근로가 끝날 때까지의 기간을 말한다) 행사하지 아니하면 소멸된다. 다만, 사용자의 귀책사유로 사용하지 못한 경우에는 그러하지 아니하다.

제61조(연차 유급휴가의 사용 촉진)

① 사용자가 제60조제1항·제2항 및 제4항에 따른 유급휴가(계속하여 근로한 기간이 1년 미만인 근로자의 제60조제2항에 따른 유급휴가는 제외한다)의 사용을 촉진하기 위하여 다음 각 호의 조치를 하였음에도 불구하고 근로자가 휴가를 사용하지 아니하여 제60조 제7항 본문에 따라

소멸된 경우에는 사용자는 그 사용하지 아니한 휴가에 대하여 보상할 의무가 없고, 제60조제7항 단서에 따른 사용자의 귀책사유에 해당하지 아니하는 것으로 본다.

해석42 ▶ 퇴직 시 연차휴가 회계기준 vs 회계연도 기준

연차휴가를 입사 일자 기준이 아닌 회계연도 기준으로 관리하는 것도 가능하나, 근로자에게 불이익이 없어야 하며, 퇴직 시 입사 일자 기준보다 불이익할 경우에는 그 수만큼 정산 지급해야 한다.

즉, 둘 중 근로자에게 유리한 하나를 적용해야 한다.

(근기68207-620, 2003.05.23, 근로기준과-5802, 2009.12.31, 근로개선정책과-5352, 2011.12.19)

1. 제60조제7항 본문에 따른 기간이 끝나기 6개월 전을 기준으로 10일 이내에 사용자가 근로자별로 사용하지 아니한 휴가 일수를 알려주고, 근로자가 그 사용 시기를 정하여 사용자에게 통보하도록 서면으로 촉구할 것.

2. 제1호에 따른 촉구에도 불구하고 근로자가 촉구를 받은 때부터 10일 이내에 사용하지 아니한 휴가의 전부 또는 일부의 사용 시기를 정하여 사용자에게 통보하지 아니하면 제60조제7항 본문에 따른 기간이 끝나기 2개월 전까지 사용자가 사용하지 아니한 휴가의 사용 시기를 정하여 근로자에게 서면으로 통보할 것.

해석 43 사용촉진은 모든 근로자를 대상으로 하는 것이 바람직하지만, 직종이나 근무형태 등을 감안해 일부에 대해서만 시행하는 것도 가능(2004.1.26. 근로기준과-407)

② 사용자가 계속하여 근로한 기간이 1년 미만인 근로자의 제60조 제2항에 따른 유급휴가의 사용을 촉진하기 위하여 다음 각 호의 조치를 하였음에도 불구하고 근로자가 휴가를 사용하지 아니하여 제60조 제7항 본문에 따라 소멸된 경우에는 사용자는 그 사용하지 아니한 휴가에 대하여 보상할 의무가 없고, 같은 항 단서에 따른 사용자의 귀책사유에 해당하지 아니하는 것으로 본다.

[판례50] 연차휴가제도

본 판례를 통해 원심과 동일하게 만 1년 근무 후 퇴직한 근로자에게 부여하여야 할 연차휴가는 11일이라고 판시하였는데, 이러한 판결에 대해 고용노동부는 2021.4.14 내부 자료를 통해 만 1년 근무 후 퇴직한 근로자에게 부여하여야 할 연차휴가는 26일임을 확인하는 입장을 발표하였다.

연차휴가를 사용할 권리는 다른 특별한 정함이 없는 한, 그 전년도 1년간의 근로를 마친 다음 날 발생한다고 보아야 하므로, 그 전에 퇴직 등으로 근로관계가 종료한 경우에는 연차휴가미사용수당도 청구할 수 없다.

1년 계약직 근로자에게 근로기준법 제60조 제2항뿐 아니라 제1항도 함께 적용하면 총 26일의 연차휴가가 부여되므로, 근로기준법 제60조 제4항에서 정한 연차휴가의 최대 사용한도인 25일을 초과하게 되어 장기근속자보다 1년 계약직 근로자를 더 우대하는 결과가 되어 형평의 원칙에 반한다.

근로기준법 제60조 제1항은 최초 1년간 80% 이상 출근한 근로자가 그다음 해에도 근로관계를 유지하는 것을 전제로 하여 2년 차에 15일의 연차휴가를 주어야 한다는 취지로 해석함이 타당하므로, 1년의 근로계약이 만료됨과 동시에 근로관계가 더 이상 유지되지 아니하는 근로자에게 적용되지 않는다.(대법원 2021다227100, 서울북부지방법원 판결의 상고심 판결)

해석44 ▶ 연차휴가 사용촉진조치 노무수령 거부 의사표시

사용자가 연차사용조치를 하였음에도 근로자가 휴가를 사용하지 아니하여 연차휴가가 소멸된 경우에는 사용자는 그 사용하지 아니한 휴가에 대하여 보상할 의무가 없다. 다만, 위와 같은 휴가 미사용은 근로자의 자발적인 의사에 따른 것이어야 한다.

고용노동부 행정해석(근로기준과-351, 2010. 3. 22. 회시)은 사용자가 노무수령 거부 의사를 명확히 표시하였음에도 불구하고 근로를 제공한 경우에는 연차휴가 미사용수당을 지급할 의무가 없다는 입장이다.

대법 판례에 따르면, "연차 유급휴가 사용 촉진 조치를 취하였음에도 근로자가 지정된 휴가일에 출근하여 근로를 제공한 경우, 사용자가 별다른 이의 없이 근로자의 노무제공을 수령하였다면 미사용 연차휴가에 대한 보상의무가 있다. 근로자가 자발적인 의사에 따라 휴가를 사용하지 않은 것으로 볼 수 없다."라고 판시하고 있습니다. (대법 2019다279283, 2020. 2. 27. 판결)

1. 최초 1년의 근로기간이 끝나기 3개월 전을 기준으로 10일 이내에 사용자가 근로자별로 사용하지 아니한 휴가 일수를 알려주고, 근로자가 그 사용 시기를 정하여 사용자에게 통보하도록 서면으로 촉구할 것. 다만, 사용자가 서면 촉구한 후 발생한 휴가에 대해서는 최초 1년의 근로기간이 끝나기 1개월 전을 기준으로 5일 이내에 촉구하여야 한다.

2. 제1호에 따른 촉구에도 불구하고 근로자가 촉구를 받은 때부터 10일 이내에 사용하지 아니한 휴가의 전부 또는 일부의 사용 시기를 정하여 사용자에게 통보하지 아니하면 최초 1년의 근로기간이 끝나기 1개월 전까지 사용자가 사용하지 아니한 휴가의 사용 시기를 정하여 근로자에게 서면으로 통보할 것. 다만, 제1호 단서에 따라 촉구한 휴가에 대해서는 최초 1년의 근로기간이 끝나기 10일 전까지 서면으로 통보하여야 한다.

해석 45 연차휴가사용촉진조치 이메일 통보

노동부는 이메일 촉진은 확인하기 어려움을 이유로 유효성 부정적 경향 입장이다.

단, 전자결재 체계가 완비된 사업장의 경우 전자결재를 통한 촉진 예외 인정. 근로기준법 제61조 제1호의 사용자로 하여금 "서면"으로 촉구 또는 통보하도록 규정한 것은 휴가사용촉진조치가 명확하게 이행되도록 해 근로자의 권리보호를 보다 충실하게 하고 불명확한 조치로 인한 당사자 간 분쟁을 방지하려는 취지로 볼 수 있다.(근로기준과-3836, 2004.7.27).

제62조(유급휴가의 대체)

사용자는 근로자대표와의 서면 합의에 따라 제60조에 따른 연차 유급휴가일을 갈음하여 특정한 근로일에 근로자를 휴무시킬 수 있다.

해석46 근로자 대표와 합의하여 휴일 대체를 근로자가 원하는 해당월 사용? (추석 연휴 3일 근무한 근로자가 9, 11월에 나눠 사용 문의)

공휴일에 불가피하게 근무할 수밖에 없는 경우, 근로자대표와 (사전에) 서면 합의(개별 근로자 동의 불요)하면, 공휴일에 쉬는 대신 다른 근로일을 특정하여 유급휴일로 부여할 수 있습니다. (법 제55조제2항 단서)

근로자대표란 근로자의 과반수로 조직된 노동조합이 있는 경우에는 그 노동조합, 근로자의 과반수로 조직된 노동조합이 없는 경우에는 근로자의 과반수를 대표하는 자.

이 경우 ① 근로자대표와 서면 합의해야 하며, ② 근로자에게 교체할 휴일을 특정하여 미리 고지(24시간 전)해야 가능함

휴일대체를 하는 경우 원래의 휴일은 통상의 근로일이 되고, 그 날의 근로는 휴일근로가 아닌 통상의 근로가 되므로, 원래의 휴일에 근로하더라도 휴일근로 가산수당의 지급 의무가 없습니다.

단, 변경된 대체휴일에 근로하면 휴일근로 가산수당을 지급하여야 합니다.

※ 예) 광복절(8.15)을 8.17로 휴일 대체 하였다면, 8.17이 휴일임

[고용노동부민원마당 민원답변]

근로기준법 제62조에서 규정에 의거 유효한 연차휴가대체가 되기 위해서는 근로자대표와의 서면합의서와 근로일과의 대체가 되어야 합니다.

단. 근로일이 아닌 법정휴일(주휴일, 공휴일, 근로자의 날 등)은 연차휴가로 대체할 수 없으며, 근로자대표와의 서면 합의 시에는 연차휴가대체일과 시행일, 유효기간 등을 명시하여야 합니다.

휴일사전대체제도[근기법 제55조 제2항] 역시 근로자대표와의 서면합의를 통해 유급휴일(공휴일 및 대체휴일)을 특정한 근로일로 대체할 수 있는 제도입니다.

공휴일에 근로를 시킨 뒤 다른 날을 휴일로 부여함으로써 휴일가산수당을 지급하지 않게 되지만, 대체한 날은 유급휴일이 되겠지요.

제63조(적용의 제외)

이 장과 제5장에서 정한 근로시간, 휴게와 휴일에 관한 규정은 다음 각 호의 어느 하나에 해당하는 근로자에 대하여는 적용하지 아니한다.

1. 토지의 경작·개간, 식물의 식재(植栽)·재배·채취 사업, 그 밖의 농림 사업

2. 동물의 사육, 수산 동식물의 채취·포획·양식 사업, 그 밖의 축산, 양잠, 수산 사업

3. 감시(監視) 또는 단속적(斷續的)으로 근로에 종사하는 사람으로서 사용자가 고용노동부장관의 승인을 받은 사람

4. 대통령령으로 정하는 업무에 종사하는 근로자

제5장 ── 여성과 소년

제64조(최저 연령과 취직인허증)

① 15세 미만인 사람(「초·중등교육법」에 따른 중학교에 재학 중인 18세 미만인 사람을 포함한다)은 근로자로 사용하지 못한다. 다만, 대통령령으로 정하는 기준에 따라 고용노동부장관이 발급한 취직인허증(就職認許證)을 지닌 사람은 근로자로 사용할 수 있다.

② 제1항의 취직인허증은 본인의 신청에 따라 의무교육에 지장이 없는 경우에는 직종(職種)을 지정하여서만 발행할 수 있다.

③ 고용노동부장관은 거짓이나 그 밖의 부정한 방법으로 제1항 단서의 취직인허증을 발급받은 사람에게는 그 인허를 취소하여야 한다.

제65조(사용 금지)

① 사용자는 임신 중이거나 산후 1년이 지나지 아니한 여성(이하 "임산부"라 한다)과 18세 미만자를 도덕상 또는 보건상 유해·위험한 사업에 사용하지 못한다.

② 사용자는 임산부가 아닌 18세 이상의 여성을 제1항에 따른 보건상 유해·위험한 사업 중 임신 또는 출산에 관한 기능에 유해·위험한 사업에 사용하지 못한다.

③ 제1항 및 제2항에 따른 금지 직종은 대통령령으로 정한다.

제66조(연소자 증명서)

사용자는 18세 미만인 사람에 대하여는 그 연령을 증명하는 가족관계기록사항에 관한 증명서와 친권자 또는 후견인의 동의서를 사업장에 갖추어 두어야 한다.

제67조(근로계약)

① 친권자나 후견인은 미성년자의 근로계약을 대리할 수 없다.

② 친권자, 후견인 또는 고용노동부장관은 근로계약이 미성년자에게 불리하다고 인정하는 경우에는 이를 해지할 수 있다.

③ 사용자는 18세 미만인 사람과 근로계약을 체결하는 경우에는 제17조에 따른 근로조건을 서면(「전자문서 및 전자거래 기본법」 제2조제1호에 따른 전자문서를 포함한다)으로 명시하여 교부하여야 한다.

제68조(임금의 청구)

미성년자는 독자적으로 임금을 청구할 수 있다.

(민사소송법 제51조 미적용)
18세미만 미성년자 임금체불 관련 임금청구 소송은 근로기준법 제66조의 단독으로 가능

제69조(근로시간)

15세 이상 18세 미만인 사람의 근로시간은 1일에 7시간, 1주에 35시간을 초과하지 못한다. 다만, 당사자 사이의 합의에 따라 1일에 1시간, 1주에 5시간을 한도로 연장할 수 있다.

제70조(야간근로와 휴일근로의 제한)

① 사용자는 18세 이상의 여성을 오후 10시부터 오전 6시까지의 시간 및 휴일에 근로시키려면 그 근로자의 동의를 받아야 한다.

② 사용자는 임산부와 18세 미만자를 오후 10시부터 오전 6시까지의 시간 및 휴일에 근로시키지 못한다. 다만, 다음 각 호의 어느 하나에 해당하는 경우로서 고용노동부장관의 인가를 받으면 그러하지 아니하다.

1. 임신근로자, 출산 후 1년 이내 근로자에 대해서는 연장근로, 야간근로, 휴일근로가 원칙적으로 금지됨
2. 다만, 야간근로와 휴일근로는 ① 임신 중의 여성이 명시적으로 야간근로를 청구하고 ② 근로자대표와 협의 절차를 거쳐 ③고용노동부의 인가를 받으면 예외적으로 가능하나, 연장근로는 불가
3. 임신근로자에 대한 연장·야간·휴일 근로 금지 위반 판단의 시점은 "사용자가 임신사실을 알게 된 때"를 기준으로 판단합니다.

제110조제1호(벌칙)법 제70조제1항, 제2항을 위반한 자는 2년 이하의 징역 또는 2천만 원 이하의 벌금에 처한다.
제114조제1호(벌칙)법 제70조제3항을 위반한 자는 500만 원 이하의 벌금에 처한다.

1. 18세 미만자의 동의가 있는 경우
2. 산후 1년이 지나지 아니한 여성의 동의가 있는 경우
3. 임신 중의 여성이 명시적으로 청구하는 경우

③ 사용자는 제2항의 경우 고용노동부장관의 인가를 받기 전에 근

로자의 건강 및 모성 보호를 위하여 그 시행 여부와 방법 등에 관하여 그 사업 또는 사업장의 근로자대표와 성실하게 협의하여야 한다.

제71조(시간외근로)

사용자는 산후 1년이 지나지 아니한 여성에 대하여는 단체협약이 있는 경우라도 1일에 2시간, 1주에 6시간, 1년에 150시간을 초과하는 시간외근로를 시키지 못한다.

제72조(갱내근로의 금지)

사용자는 여성과 18세 미만인 사람을 갱내(坑內)에서 근로시키지 못한다. 다만, 보건·의료, 보도·취재 등 대통령령으로 정하는 업무를 수행하기 위하여 일시적으로 필요한 경우에는 그러하지 아니하다.

제73조(생리휴가) 사용자는 여성 근로자가 청구하면 월 1일의 생리휴가를 주어야 한다.

제73조(생리휴가)

사용자는 여성 근로자가 청구하면 월 1일의 생리휴가를 주어야 한다.

해석47▶ 생리휴가는 무급

① 생리휴가(보건휴가)는 무급이 원칙입니다. 2003년 9월 "무급"으로 변경되었습니다.

단. 주휴수당 계산할 때는 출근율 산정 시 출근한 것으로 봅니다.

② 생리휴가를 사용함에 있어 생리 중이 아니라는 입증 책임은 "사

업주"에게 있으므로, 여성근로자에게 진단서 제출을 요구할 수 없음.

③ 생리휴가는 법정휴가이므로 연차휴가와는 완전히 다른 제도이므로 연차로 사용이 불가능합니다.

④ 생리휴가를 금요일이나, 공휴일 전에 사용하지 못하도록 하는 것을 근로기준법 위반사항입니다.

⑤ 회사가 정당한 사유 없이 생리휴가 사용을 거부한다면 500만 원 이하의 벌금형에 처해집니다.

생리휴가는 여성근로자의 청구가 있는 날에 부여하여야 하며, 근로자가 청구한 생리휴가일을 특정일로 대체할 수 없습니다. (근기 68207-1090, 1994.07.07)

해석48 연차 또는 보건휴가를 당일 요청했을 때 사전승인을 이유로 거부?

근로기준법 제60조제5항에 따라 연차휴가는 근로자가 청구한 시기에 줘야 하고, 다만, 근로자가 청구한 시기에 휴가를 주는 것이 사업 운영에 막대한 지장이 있는 경우에는 그 시기를 변경할 수 있다고 규정하고 있습니다.

시기지정권의 구체적인 행사방법에 대해서는 근로기준법에서 정한 바가 없으므로, 취업규칙 등에서 정한 방법에 따를 수 있습니다. 다만, 연차휴가는 법에서 정한 근로자의 권리를 행사하는 것이므로 사전 통지행위가 있었다면 충분할 것입니다. 휴가승인을 받지 않았더라도 사전 통지나 보고를 했다면 이을 이유로 징계조치 등을 할 수 없을 것으로 사료됩니다. (고용노동부민원마당 회신 '22.09.19)

제74조(임산부의 보호)

① 사용자는 임신 중의 여성에게 출산 전과 출산 후를 통하여 90일(한 번에 둘 이상 자녀를 임신한 경우에는 120일)의 출산전후휴가를 주어야 한다. 이 경우 휴가 기간의 배정은 출산 후에 45일(한 번에 둘 이상 자녀를 임신한 경우에는 60일) 이상이 되어야 한다.

출산전후휴가기간 최초 60일분에 대하여는 사업주가 통상임금 전액을 지급하여야 하고, 이후 30일분에 대해서는 고용보험에서 출산전후휴가를 지급합니다.
다만, 우선지원대상기업 근로자는 고용보험에서 90일의 급여를 지급하고, 사업주는 그 금액의 한도안에서 지급의무가 면제됩니다.

출산전후휴가급여는 휴가를 시작한 날의 통상임금을 기준으로 지급하되, 우선지원 대상기업 근로자의 통상임금이 고용보험에서 지원하는 금액보다 많을 경우 최소 60일에 대하여는 사업주가 지급하여야 합니다.
출산 전후 휴가기간 중 우선지원 대상기업의 근로자는 90일분(600만 원 한도), 대규모기업의 근로자는 최초 60일을 초과 한 30일분에 해당하는 근로기준법상 통상임금(출산전후휴가 개시일 기준) 상당액을 지급

※ 우선대상기업의 경우 90일 동안 600만 원 한도까지 고용노동부에서 지원되며, 대규모기업의 경우 마지막 30일에 대해서만 200만 원 한도까지 고용노동부에서 지원됨

근로기준법 시행령 제43조(유산·사산휴가의 청구 등)
2. 임신한 근로자가 출산전후휴가를 청구할 당시 연령이 만 40세 이상인 경우
3. 임신한 근로자가 유산·사산의 위험이 있다는 의료기관의 진단서를 제출한 경우

출산전후휴가는 출산 전이라도 분할사용 가능하며, 임금은 최초 60일은 유급으로 고용보험법에 따라 "출산휴가급여"가 지급(우선지원대상기업 90일, 그 밖의 기업 30일분이 지급되며 1개월 기준 200만 원 한도) 우선지원대상기업 근로자의 월 통상임금이 300만 원이면 두 달은 출산휴가급여 200만 원 + 사업주 100만 원씩 지급 나머지 한 달은 출산휴가급여 200만 원이 지급.

사업주가 200만 원을 지급한 경우에는 고용보험법에 따라 출산휴가급여는 100만 원만 지급된다.

해석49 ▶ 임신 근로자(임산부) 근로시간 단축

– 임신 후 12주 이내 또는 36주 이후에 있는 여성 근로자
– 임신 12주 이내에 사용했을지라도 36주 이후 다시 사용 가능
– 근로자가 신청 시 임금 삭감 없이 1일 2시간의 근로시간 단축을 허용
– 1일 근로시간이 8시간 미만인 근로자는 1일 근로시간이 6시간이 되도록 근로시간 단축을 허용
– 출퇴근을 시간에 제한은 없으므로, 근로자가 신청하는 방식으로 허용하는 것이 원칙(사용자가 일방적으로 근로시간 단축방법을 강제할 수 없음)

[근로기준법 시행령 제43조의2(임신기간 근로시간 단축의 신청), 근로기준법 제74조(임산부의 보호) 제7항]

② 사용자는 임신 중인 여성 근로자가 유산의 경험 등 대통령령으로 정하는 사유로 제1항의 휴가를 청구하는 경우 출산 전 어느 때 라도

휴가를 나누어 사용할 수 있도록 하여야 한다. 이 경우 출산 후의 휴가 기간은 연속하여 45일(한 번에 둘 이상 자녀를 임신한 경우에는 60일) 이상이 되어야 한다.

해석50 근로기준법 제74조의 규정에 의해 근로자에게 산전후휴가를 90일 부여하였으나, 출산일이 늦어져 산후 45일이 확보되지 못하고 출근한 경우, 근로기준법 규정에 의한 산전후휴가로 볼 수 있는지?

사용자는 근로기준법 제72조의 규정에 의해 임신 중인 여성에 대하여 산전후를 통하여 90일의 보호휴가를 주되, 휴가기간이 산후에 45일 이상 배치되어야 한다. 따라서 사용자가 90일간의 보호휴가를 부여하는 경우, 산전에 배치되는 기간은 최대 44일을 초과할 수 없고, 만약 산전휴가가 44일을 초과하는 경우는 사용자의 의무 없는 임의휴가로 보아야 하므로 산후휴가기간 45일에 미달하는 산전후휴가는 근로기준법 제72조에 의한 산전후휴가를 전부 부여한 것으로 볼 수 없음.

해석51 근로자가 분만 예정일에 맞춰 출산 후 45일을 쉴 수 있도록 출산전후휴가를 시작하였으나, 분만 예정일보다 늦게 출산하게 되자 휴가연장을 신청함. 이에 사용자는 법대로 90일의 출산휴가를 보장했으니 당초 계획대로 복귀할 것을 명령함.

출산전후휴가는 출산 후에 휴가일이 45일 이상이 되도록 배정해야 합니다. 따라서 휴가기간을 연장하여 출산 후 45일의 휴가기간을 보장하여야 합니다. 다만, **초과한 90일을 출산전후휴가를 무급으로 처리 가능.**

남녀고용평등법 제19조 육아휴직

사업주는 임신 중인 여성 근로자가 모성을 보호하거나, 근로자가 만 8세 이하 또는 초등학교 2학년 이하의 자녀를 양육하기 위하여 휴직을 신청하는 경우에 이를 허용하여야 합니다. 다만, 대통령령으로 정하는 경우에는 그러하지 않습니다.

남녀고용평등법 시행령 제10조

(1) 대통령령으로 정하는 경우란, 육아휴직을 시작하려는 날의 전날까지 해당 사업에서 계속 근로한 기간이 6개월 미만인 근로자가 신청한 경우를 말한다.

③ 사용자는 임신 중인 여성이 유산 또는 사산한 경우로서 그 근로자가 청구하면 대통령령으로 정하는 바에 따라 유산·사산 휴가를 주어야 한다. 다만, 인공 임신중절 수술(「모자보건법」 제14조제1항에 따른 경우는 제외한다)에 따른 유산의 경우는 그러하지 아니하다.

④ 제1항부터 제3항까지의 규정에 따른 휴가 중 최초 60일(한 번에 둘 이상 자녀를 임신한 경우에는 75일)은 유급으로 한다. 다만, 「남녀고용평등과 일·가정 양립 지원에 관한 법률」 제18조에 따라 출산전후휴가급여 등이 지급된 경우에는 그 금액의 한도에서 지급의 책임을 면한다.

해석52 육아휴직 기간 중 만 8세를 초과하면 복귀?

육아휴직 개시일에 가능 요건을 갖추면 되고, 육아휴직 도중에 자녀의 나이가 만 9세가 되거나 초등학교 3학년이 되어도 이미 시작한 휴직은 사용할 수 있음. (참고/ 고용노동부 개정 남녀고용평등과 일·가정 양립 지원에 관한 법률 시행지침(2014.1.P.8)

육아휴직 기간 중 근로계약 종료 가능?

사업장에 근무하는 근로자는 계약직 등 근로 형태와 관계없이 근로기준법 제74조 및 남여고용평등과 일·가정양립 지원에 관한 법률 제19조 규정에 의한 산전후휴가 및 육아휴직을 사업주로부터 부여받을 수 있으나, 동 휴가, 휴직기간 중 계약기간이 만료되면 사업주의 의무도 함께 종료되므로 산전후휴가 및 육아휴직은 종료됨.

해석54 육아휴직 후 반드시 원직 복귀?

반드시 원직에 복직해줄 의무는 없으나, 다른 부서 또는 직무를 부여할 경우에는 인사발령의 정당성(업무상 필요성, 생활상 불이익 최소화, 사전협의)이 있어야 함.

남녀고용평등과 일·가정 양립 지원에 관한 법률

제19조(육아휴직)

① 사업주는 임신 중인 여성 근로자가 모성을 보호하거나 근로자가 만 8세 이하 또는 초등학교 2학년 이하의 자녀(입양한 자녀를 포함한다. 이하 같다)를 양육하기 위하여 휴직(이하 "육아휴직"이라 한다)을 신청하는 경우에 이를 허용하여야 한다. 다만, 대통령령으로 정하는 경우에는 그러하지 아니하다.

② 육아휴직의 기간은 1년 이내로 한다.

③ 사업주는 육아휴직을 이유로 해고나 그 밖의 불리한 처우를 하여서는 아니 되며, 육아휴직 기간에는 그 근로자를 해고하지 못한다. 다만, 사업을 계속할 수 없는 경우에는 그러하지 아니하다.

④ 사업주는 육아휴직을 마친 후에는 휴직 전과 같은 업무 또는 같은 수준의 임금을 지급하는 직무에 복귀시켜야 한다. 또한 제2항의 육아휴직 기간은 근속기간에 포함한다.

⑤ 사용자는 임신 중의 여성 근로자에게 시간외근로를 하게 하여서는 아니 되며, 그 근로자의 요구가 있는 경우에는 쉬운 종류의 근로로 전환하여야 한다.

근로기준법 시행령 제43조의2(임신기간 근로시간 단축의 신청)법 제74조 제7항에 따라 근로시간 단축을 신청하려는 여성 근로자는 근로시간 단축 개시 예정일의 3일 전까지 임신기간, 근로시간 단축 개시 예정일 및 종료 예정일, 근무 개시 시각 및 종료 시각 등을 적은 문서(전자문서를 포함한다)에 의사의 진단서(같은 임신에 대하여 근로시간 단축을 다시 신청하는 경우는 제외한다)를 첨부하여 사용자에게 제출하여야 한다.

근로기준법상 임산부의 야간근로(오후 10시부터 오전 6시 사이의 근무)와 휴일근로는 원칙적으로 금지됩니다. 다만, ①임신 중의 여성이 명시적으로 야간근로를 청구하고 ②근로자대표와 협의 절차를 거쳐 ③고용노동부의 인가를 받으면 예외적으로 임산부의 야간근로 및 휴일근로가 가능합니다. 고용노동부의 인가절차를 진행하지 않았음에도, 임신 중인 근로자와 출산 후 1년 이내의 근로자에게 야간근로와 휴일근로를 시행하게 되면 사업주는 2년 이하의 징역 또는 2천만 원 이하의 벌금에 처해지게 됩니다.

※ 근로기준법상 임신 중의 노동자, 출산 후 1년 동안의 임산부에 대해서도 야간근로 및 휴일근로는 금지

⑥ 사업주는 제1항에 따른 출산전후휴가 종료 후에는 휴가 전과 동일한 업무 또는 동등한 수준의 임금을 지급하는 직무에 복귀시켜야 한다.

⑦ 사용자는 임신 후 12주 이내 또는 36주 이후에 있는 여성 근로자가 1일 2시간의 근로시간 단축을 신청하는 경우 이를 허용하여야 한다. 다만, 1일 근로시간이 8시간 미만인 근로자에 대하여는 1일 근로시간이 6시간이 되도록 근로시간 단축을 허용할 수 있다.

해석 55 배우자 출산휴가 3회 분할 사용 가능?

사업주는 근로자가 배우자의 출산을 이유로 휴가를 청구하는 경우에는 10일의 휴가를 주어야 하고 이 경우 사용한 휴가기간은 유급으로 하며, 1회에 한정하여 나누어 사용할 수 있습니다.

또한 근로자가 배우자 출산휴가를 10일 미만으로 청구하는 경우에도 10일을 부여해야 하며(단, 근로자가 분할사용을 원할 경우 분할사용 할 수 있도록 부여) 단체협약이나 취업규칙에 1회를 초과하여 분할 사용이 가능하도록 규정하고 있거나, 사업주의 동의가 있다면 1회를 초과하여 분할사용 하는 것도 가능할 것입니다.

사업주는 근로자에게 배우자 출산휴가 10일을 청구토록 요청하고, 10일의 휴가(분할사용 시 분할사용 휴가 포함)를 청구기간 내 사용하지 않는 경우 배우자 출산휴가를 사용토록 지도해야 합니다. (고용노동부 민원마당 회신)

남녀고용평등과 일·가정 양립 지원에 관한 법률 제18조의2(배우자 출산휴가)

① 사업주는 근로자가 배우자의 출산을 이유로 휴가(이하 "배우자 출산휴가"라 한다)를 청구하는 경우에 10일의 휴가를 주어야 한다. 이 경우 사용한 휴가기간은 유급으로 한다.

② 제1항 후단에도 불구하고 출산전후휴가급여등이 지급된 경우에는 그 금액의 한도에서 지급의 책임을 면한다.

③ 배우자 출산휴가는 근로자의 배우자가 출산한 날부터 90일이 지나면 청구할 수 없다.

④ 배우자 출산휴가는 1회에 한정하여 나누어 사용할 수 있다.

⑤ 사업주는 배우자 출산휴가를 이유로 근로자를 해고하거나 그 밖의 불리한 처우를 하여서는 아니 된다.

단축근로시 임금삭감 범위

육아기 근로시간 단축 시 단축된 시간에 비례하여 임금이 삭감될 수 있습니다. 다만, 삭감되는 임금은 '통상임금'에 한정됩니다. 따라서 통상임금이 아닌 임금항목은 삭감할 수 없습니다.

대표적인 예로 부양가족의 수에 따라 주어지는 임금인 가족수당은 통상임금이 아니므로 단축을 한다고 하더라도 삭감하여서는 안 됩니다. 또한 포괄임금제 계약 하에 시간외근로 여부와 무관하게 지급되는 시간외수당은 급여에서 전부 제외하여서는 아니되며, 단축되는 시간에 비례하여서만 비율적으로 삭감이 가능합니다.

※ 임금 산정 계산식: 단축 전 월 통상임금 × 단축 후 주 소정근로시간 ÷ 단축 전 주 소정근로시간

※ 주 소정근로 40Hr, 월 통상임금 200만원인 노동자가 주 소정근로시간을 30Hr으로 단축한 경우

① 월 통상임금 200만원 × 30Hr / 40Hr = 1,500,000원

② 육아기 근로시간단축

– 매주 최초 5시간 단축분 상한액 200만원 × 5Hr ÷ 40 = 250,000원

– 나머지 근로시간 단축분 상한액 150만원 × (40-30-5) ÷ 40 = 187,500원

※ 월 통상임금의 100분의 80(160만원)이 상한액을 초과하여 상한액 150만원으로 산정함.

③ 총 소득 : 1,500,000원 + 250,000원 + 187,500원 = 1,937,500원(기존대비 62,500원 소득 감소)

⑧ 사용자는 제7항에 따른 근로시간 단축을 이유로 해당 근로자의 임금을 삭감하여서는 아니 된다.

⑨ 사용자는 임신 중인 여성 근로자가 1일 소정근로시간을 유지하면서 업무의 시작 및 종료 시각의 변경을 신청하는 경우 이를 허용하여야 한다. 다만, 정상적인 사업 운영에 중대한 지장을 초래하는 경우 등 대통령령으로 정하는 경우에는 그러하지 아니하다.

⑩ 제7항에 따른 근로시간 단축의 신청방법 및 절차, 제9항에 따른 업무의 시작 및 종료 시각 변경의 신청방법 및 절차 등에 관하여 필요한 사항은 대통령령으로 정한다.

제74조의2(태아검진 시간의 허용 등)
① 사용자는 임신한 여성근로자가「모자보건법」제10조에 따른 임산부 정기건강진단을 받는데 필요한 시간을 청구하는 경우 이를 허용하여 주어야 한다.

② 사용자는 제1항에 따른 건강진단 시간을 이유로 그 근로자의 임금을 삭감하여서는 아니 된다.

제75조(육아 시간)
생후 1년 미만의 유아(乳兒)를 가진 여성 근로자가 청구하면 1일 2회 각각 30분 이상의 유급 수유 시간을 주어야 한다.

모자보건법 시행규칙 제5조 1항

임산부 · 영유아 및 미숙아등의 정기 건강진단 실시기준

1. 임산부

　가. 임신 28주까지 : 4주마다 1회

　나. 임신 29주에서 36주까지 : 2주마다 1회

　다. 임신 37주 이후 : 1주마다 1회

2. 영유아

　가. 신생아 : 수시

　나. 영유아

　　1) 출생 후 1년 이내 : 1개월마다 1회

　　2) 출생 후 1년 초과 5년 이내: 6개월마다 1회

※ 태아검진 시기는 유급으로 부여, 임신 28주까지 4주마다 1회, 임신 36주
　까지 2주마다 1회, 임신37주 이후는 1주마다 1회

제6장 —— 안전과 보건

제76조(안전과 보건)

근로자의 안전과 보건에 관하여는「산업안전보건법」에서 정하는 바에 따른다.

업무상 재해 발생 시

- 업무상 재해의 경우 4일 이상이면, 유급처리하고, 피해보상 진행

- 4일 이상일 경우 산채처리 및 요양기관 동안 평균임금의 70% 지급 등 산업재해보상보호법에 준하여 처리

중대산업재해법 처벌수위

사망자(1명) 발생 시: 사업주 또는 경영책임자 등 1년 이상의 징역 또는 10억 원 이하의 벌금 ※ 징역과 벌금은 병과 가능

부상 및 질병 발생 시 : 사업주 또는 경영책임자 등 7년 이상의 징역 또는 1억 원 이하의 벌금

제6조(중대산업재해 사업주와 경영책임자 등의 처벌)

① 제4조 또는 제5조를 위반하여 제2조제2호가목의 중대산업재해에 이르게 한 사업주 또는 경영책임자 등은 1년 이상의 징역 또는 10억 원 이하의 벌금에 처한다. 이 경우 징역과 벌금을 병과할 수 있다.

② 제4조 또는 제5조를 위반하여 제2조제2호 나목 또는 다목의 중대 산업재해에 이르게 한 사업주 또는 경영책임자 등은 7년 이하의 징역 또는 1억 원 이하의 벌금에 처한다.

[판례 51] 산업재해 VS 공상처리 문제점

피고인들은 피해 근로자가 산업재해로 다친 것이 명백하였음에도 근로자를 공상 처리한 다음 일체의 치료비를 지급하였고, 입원기간 중에도 정상적으로 근무한 것으로 처리하여 급여를 지급함은 물론, 시간외 수당, 야근수당까지 지급하였다.

만일 피고인들이 위와 같이 피해 근로자에게 공상처리, 급여 지급 등의 혜택을 제공하지 않았다면 피해 근로자로서는 자신이 산업재해로 다친 것이 명백한 상황이었으므로 산업재해보상법에 따른 요양급여, 휴업급여 등을 신청하였을 것이 분명하고, 이로써 피고인 회사에서의 산업재해 발생사실이 드러날 수밖에 없으며, 피고인들도 이러한 사정을 충분히 예상할 수 있었다고 보아야 한다. 여기에 산재발생, 산재처리로 인한 불이익을 염려하여 발생 사실을 보고하지 않았다는 피고인의 진술. (벌금300만원) (울산지방법원2020.2.13. 선고 2019고단2677판결)

대부분 실무자가 업무상 재해임이 분명하고(사업장 내 사고 등) 치료비, 급여 등 전액 지급, 사업주의 진술 내용 등을 판단하여도 대부분 산재 은폐로 결정되는 경우가 많음.
공상처리를 했다고 하여 산재보험처리가 안 되는 것은 아니므로 산재보험처리 시 본인이 부담했던 비용에 대하여 돌려받을 수 있다.

[판례52] 공사처리시 추후 산재 신청을 하지 않겠다는 내용을 포함한 합의서를 작성했다 하더라도 공상 처리 당시 계약에 대하여 근로자가 불리한 조건으로 작성이 되었다고 판단될 경우 그 계약은 무료가 되며, 산업재해보상보험법 상의 산재 급여청구를 할 수 있다.

근로자와 공상처리시 작성된 합의서에 "근로자는 본 합의금을 받음과 동시에 민형사상의 이의제기 및 산업재해보상보험법의 보험급여를 신청하지 아니하다" 조항이 있다고 하더라도 공상처리 합의서는 무효이다. (대판 대법원 1988.4.27. 선고,8다카74판결)

합의된 동기, 목적, 교섭과정, 피해자의 정신상태 및 합의금 등을 종합적으로 하여 합의 성립을 인정할 수 없는 특별한 사정(피해자의 경솔/궁박/무경험을 이용하여 현저하게 공정을 잃은 합의 등)이 있다면 합의 자체가 무효로 될 수가 있고, 합의가 유효한 경우에도 피해자가 합의 당시에 예상할 수 없었던 후유증이 발생한 때에는 비록 합의서의 포기조항이 문언상으로는 그 나머지의 일체의 청구권을 포기한다고 되었다 할지라도 추가 청구가 가능하다.

안전 · 보건관리 위탁 금지

• 국회 본회의(9월 24일)에서 「기업활동 규제완화에 관한 특별조치법」 (이하 기업규제완화법) 일부 개정 법률안*이 의결되어 대규모 사업장의 안전보건관리가 한층 강화된다.

제40조(안전관리 등의 외부 위탁)

① 사업자는 다음 각 호의 법률에도 불구하고 다음 각 호의 어느 하나에 해당하는 사람의 업무를 관계중앙행정기관의 장 또는 시 · 도지사가 지정하는 관리대행기관에 위탁할 수 있다.

1. 「산업안전보건법」제17조에 따라 사업주가 두어야 하는 안전관리자 2. 「산업안전보건법」제18조에 따라 사업주가 두어야 하는 보건관리자

- 기존에는 기업규제완화법에 따라 300인 대규모 사업장도 안전·보건관리자를 직접 채용하지 않고 외부기관에 대행(월 2회 기술지도)을 맡길 수 있어 안전관리에 한계가 있었다.
  금번 개정으로 대규모 사업장은 예외 없이 안전·보건 전문자격을 갖춘 자를 직접 채용하여야 하며, 이로써 근로자의 안전·보건을 실질적으로 확보할 수 있을 것으로 기대된다.

제16조(안전관리자의 선임 등)

② 제1항에 따른 사업 중 상시근로자 300명 이상을 사용하는 사업장[건설업의 경우에는 공사금액이 120억원(「건설산업기본법 시행령」별표 1의 종합공사를 시공하는 업종의 건설업종란 제1호에 따른 토목공사업의 경우에는 150억원) 이상인 사업장]의 안전관리자는 해당 사업장에서 제18조제1항 각 호에 따른 업무만을 전담해야 한다.

제20조(보건관리자의 선임 등)

② 제1항에 따른 사업과 사업장의 보건관리자는 해당 사업장에서 제22조제1항 각 호에 따른 업무만을 전담해야 한다. 다만, 상시근로자 300명 미만을 사용하는 사업장에서는 보건관리자가 제22조제1항 각 호에 따른 업무에 지장이 없는 범위에서 다른 업무를 겸할 수 있다.

중대재해법 제 4조(안전보건관리체계의 구축과 이행 조치)

안전보건전담 조직 설치대상 기준 3명이상(안전관리자, 보건관리자, 안전보건관리담당자, 산업보건의 등)
① 상시근로자 수 500명 사업장 ②시공능력순위 200위 건설사업장

[고용노동부 보도자료 2020.09.05.]

\# 산업안전보건법 시행규칙 별표4

근로자 안전보건교육(제26조제1항, 제28조제1항 관련)

교육과정	교육대상		교육시간
가. 정기교육	사무직 종사 근로자		매분기 3시간 이상
	사무직 종사 근로자 외의 근로자	판매업무에 직접 종사하는 근로자	매분기 3시간 이상
		판매업무에 직접 종사하는 근로자 외의 근로자	매분기 6시간 이상
	관리감독자의 지위에 있는 사람		연간 16시간 이상
나. 채용 시 교육	일용근로자		1시간 이상
	일용근로자를 제외한 근로자		8시간 이상
다. 작업내용 변경 시 교육	일용근로자		1시간 이상
	일용근로자를 제외한 근로자		2시간 이상
라. 특별교육	별표 5 제1호라목 각 호의 어느 하나에 해당하는 작업에 종사하는 일용근로자를 제외한 근로자		− 16시간 이상(최초 작업에 종사하기 전 4시간 이상 실시하고 12시간은 3개월 이내에서 분할하여 실시가능) − 단기간 작업 또는 간헐적 작업인 경우에는 2시간 이상
마. 건설업 기초안전·보건교육	건설 일용근로자		4시간 이상

산업안전보건법 시행규칙 [별표 5]

안전보건관리책임자 등에 대한 교육(제29조제2항 관련)

교육대상	교육시간	
	신규교육	보수교육
안전보건관리책임자	6시간	6시간
안전관리자, 안전관리전문기관의 종사자	34시간	24시간
보건관리자, 보건관리전문기관의 종사자	34시간	24시간
건설재해예방전문지도기관의 종사자	34시간	24시간
안전보건관리담당자	–	8시간

중대재해 처벌 등에 관한 법률 시행령(약칭: 중대재해처벌법 시행령)

제4조(안전보건관리체계의 구축 및 이행 조치법)

제4조제1항제1호에 따른 조치의 구체적인 사항은 다음 각 호와 같다.

1. 사업 또는 사업장의 안전·보건에 관한 목표와 경영방침을 설정할 것.

2. 「산업안전보건법」 제17조부터 제19조까지 및 제22조에 따라 두어야 하는 인력이 총 3명 이상이고 다음 각 목의 어느 하나에 해당하는 사업 또는 사업장인 경우에는 안전·보건에 관한 업무를 총괄·관리하는 전담 조직을 둘 것. 이 경우 나목에 해당하지 않던 건설사업자가 나목에 해당하게 된 경우에는 공시한 연도의 다음 연도 1월 1일까지 해당 조직을 두어야 한다.

가. 상시근로자 수가 500명 이상인 사업 또는 사업장.

사업안전보건법 제16조(안전관리자 선임 등)

② 제1항에 따른 사업 중 상시근로자 300명 이상을 사용하는 사업장[건설업의 경우에는 공사금액이 120억원(「건설산업기본법 시행령」 별표 1의 종합공사를 시공하는 업종의 건설업종란 제1호에 따른 토목공사업의 경우에는

150억원) 이상인 사업장]의 안전관리자는 해당 사업장에서 제18조제1항 각 호에 따른 업무만을 전담해야 한다.

근로기준법시행령 별표5 [업무상 질병과 요양의 범위(제44조 1항)

가. 업무상 부상으로 인한 질병

나. 물리적 요인으로 인한 질병: 유해방사선, 열사병, 저체온증, 소음, 잠수병, 착암기 진동, 안구진탕증(眼球)

다. 화학적 요인으로 인한 질병: 분진, 산, 납, 수은, 망강, 황화수소, 일산화탄소, 벤젠 등

라. 생물학적 요인으로 인한 질병: 감염

마. 직업성 암

바. 무리한 힘을 가해야 하는 업무로 인한 내장탈장, VDT취급, 부적절한 자세를 유지하거나 반복동작이 많은 등 근골격계에 부담을 주는 업무로 인한 근골격계 질병

아. 업무와 관련하여 정신적 충격을 유발할 수 있는 사건으로 인한 외상 후 스트레스 장애

업무상 질병: 업무상 부상, 직업성 암, 근골격계, 업무상 관로에 의한 뇌혈관질환 및 심장질환, 정신적 충격에 의한 외상 후 스트레스 장애 등

민법 제756조(사용자의 배상책임) → 업무상 재해 회사 측 손해배상 책임

① 타인을 사용하여 어느 사무에 종사하게 한 자는 피용자가 그 사무집행에 관하여 제삼자에게 가한 손해를 배상할 책임이 있다. 그러나 사용자가 피용자의 선임 및 그 사무감독에 상당한 주의를 한 때 또는 상당한 주의를 하여도 손해가 있을 경우에는 그러하지 아니하다.

② 사용자에 갈음하여 그 사무를 감독하는 자도 전항의 책임이 있다.

③ 전2항의 경우에 사용자 또는 감독자는 피용자에 대하여 구상권을 행사할 수 있다.

제6장의2 — 직장 내 괴롭힘의 금지

제76조의2(직장 내 괴롭힘의 금지)

사용자 또는 근로자는 직장에서의 지위 또는 관계 등의 우위를 이용하여 업무상 적정범위를 넘어 다른 근로자에게 신체적·정신적 고통을 주거나 근무환경을 악화시키는 행위(이하 "직장 내 괴롭힘"이라 한다)를 하여서는 아니 된다.

> 괴롭힘의 행위요건으로서 '직장에서의 지위 또는 관계 등의 우위를 이용'할 것을 요구하고 있습니다. '지위의 우위'는 지휘명령 관계에서 상위에 있는 경우를 말하고, '관계의 우위'는 사실상 우위를 점하고 있는 것으로 판단되는 모든 관계를 포함합니다.
>
> 따라서 수적 우위, 인적속성상 우위(연령, 성별 등), 업무역량 우위(근속연수 등)에 따라 상대방이 저항하기 어려운 개연성이 높은 관계에서도 직장 내 괴롭힘이 가능하며, 따라서 동급자와 하급자에 의하여도 충분히 직장 내 괴롭힘이 성립할 수 있습니다.
>
> (서울시 직장 내 괴롭힘 사건처리 매뉴얼 일부)

해석56 ▶ 직장 내 괴롭힘 판단 → 불인정 사례

【 행위내용 및 사실관계 】

의류회사 디자인팀장은 조만간 있을 하계 신상품 발표회를 앞두고, 소속 팀원에게 새로운 제품 디자인 보고를 지시함. 디자인 담당자가 수차례 시안을 보고하였으나, 팀장은 회사의 이번 시즌 신제품 콘셉트와 맞지 않는다는 이유로 보완을 계속 요구하였고, 이로 인해 디자인 담당자는 업무량이 늘어났으며 스트레스를 받음.

【 직장 내 괴롭힘 판단 】

사업장 내 행위요건

1. 직장에서의 지위 또는 관계 등의 우위 이용 여부
   - 직속 관리자라는 지위의 우위를 이용

2. 업무상 적정범위를 넘었는지 여부
   - 신제품의 디자인 향상을 위해 부서원에 대해 업무 독려 및 평가, 지시 등을 수차례 실시하는 정도의 행위는 업무상 필요성이 있으며, 그 양태가 사회 통념상 상당하지 않다고도 보기 어려운 상황

3. 신체적·정신적 고통을 주거나 근로환경을 악화시켰는지 여부
   - 해당 근로자로서는 업무상 스트레스를 받음 → 종합적 판단 : 직장 내 괴롭힘에 해당되지 않음
   - '업무상 적정범위를 넘었는지 여부'와 관련하여 행위자인 팀장은 회사의 디자인을 총괄하는 담당자로서 새로운 제품 발표회를 앞두고 성과 향상을 위하여 부서원의 업무에 대해 독려 및 지시를 할 수 있는 업무상 권한이 존재하며, 이를 수행하기 위해 다른 부적절한 행위를 한 바도 없으므로 일부 업무상 부서원이 스트레스를 받았다 하더라도 이는 근로기준법상 직장 내 괴롭힘에 해당한다고 볼 수 없음.

직장내 괴롭힘

- 신고자 또는 피해주장자에 대한 불이익 금지(3년이하 징역 또는 3천만원
  이하 벌금)
- 취업규칙 필수적 기재사항: 예방/사후조치(과태료 500만원)
- 직장 내 괴롭힘으로 인한 스트레스 산재 인정(산업재재보상보험법)

직장내 괴롭힘 업무상 적정범위: 신제적 공격(폭행, 협박), 언어적 행위(폭언, 욕설, 험담), 따돌림(업무상 무시), 사적용무 지시(반복적 개인 심부름), 업무 수행 방해(비품 비부여), 이유 없는 업무과다 부여(물리적 시간미부여)

(2020 서울시 직장 내 괴롭힘 사건처리 매뉴얼 발취)

- 근로기준법 제6장의2 (직장 내 괴롭힘의 금지)의 고용노동부 근로개선과
  주요내용(정책자료)
- 누구든지 직장 내 괴롭힘 발생사실을 사용자에게 신고 가능(제76조의3제1항)
- 직장 내 괴롭힘 발생사실을 신고받거나 인지한 경우 사용자는 지체 없이
  조사할 의무(제76조의3제2항)
- 사용자는 괴롭힘 피해자 의견을 들어 근무장소 변경, 유급휴가 명령 등
  적절한 조치(제76조의3제3항 및 제4항)
- 직장 내 괴롭힘이 확인된 경우 사용자는 행위자에 대한 징계 등 적절한
  조치 의무(제76조의3제5항)
- 직장 내 괴롭힘 발생사실을 신고하거나 피해를 주장한다는 이유로 피해
  근로자에 대한 해고 등 불이익한 처우 금지(제76조의3제6항)
※ 위반 시 3년 이하의 징역 또는 3천만 원 이하의 벌금)
※ 직장 내 괴롭힘의 예방 및 발생 시 조치에 관한 사항 등을 정하여 취업
  규칙에 필수적으로 기재(제93조제11호)

제76조의3(직장 내 괴롭힘 발생 시 조치)

① 누구든지 직장 내 괴롭힘 발생 사실을 알게 된 경우 그 사실을
사용자에게 신고할 수 있다.

해석57 고용노동부의 '괴롭힘 매뉴얼'에 의하면, 사용자의 조사 절차는 피해자의 요구사항에 따라 ①피해자가 행위자로부터 분리만을 원하는 경우, ②행위자의 사과 등 당사자 간 합의를 원하는 경우, ③ 회사 차원의 조사 등 정식 절차를 원하는 경우 등 3단계로 나뉩니다.

해석58 직장 내 괴롭힘 판단 기준

문제된 행위를 피해자와 같은 처지에 있는 일반적이고도 평균적인 사람의 입장에서 바라보았을 때 신체적·정신적 고통이나 근무환경악화가 발생할 수 있다는 점이 인정되어야 함.

※ 괴롭힘은 원칙적으로 반복되거나 지속적인 행위이어야 하나, 노동자에게 해로운 영향이 지속되는 것이라면 한 번의 행위로도 인정될 수 있음.

※ 직장내괴롭힘 유형

유형	구체적 행위	판단기준
업무적 괴롭힘	합리적 이유 없이 업무능력이나 성과를 인정하지 않거나 조롱하는 행위 개인 심부름 등 사적인 용무를 지시하는 행위 업무와 관련된 중요한 정보 또는 의사결정 과정에서 배제하거나 무시하는 행위	지속 반복
언어적 괴롭힘	다수 앞에서(온라인 포함) 모역감을 주거나 명예를 훼손하는 행위 욕설이나 폭언 등 위협 또는 모욕적인 언행을 하는 행위 특정 인원과의 비교 또는 차별적인 발언	지속 반복
대인관계 괴롭힘	다수 근로자가 의도적으로 특정 근로자와 대화를 하지 않거나 동석을 거부하는 행위 혈연, 지연, 학연 등으로 인한 집단적인 따돌림	지속 반복

신체적 괴롭힘	신체에 대하여 폭행하거나 협박하는 행위 물건이나 서류 등을 던지려고 하거나 던지는 행위	일회성
기타	근거 없는 비방, 소문, 누명을 생산 또는 확산하는 행위 기타 사적인 영역에 지나치게 개입하는 행위(생활방식, 가정생활 등)	지속. 반복

■ 서울시 직장 내 괴롭힘 사건처리 매뉴얼('2020.06)

남녀고용평등과 일 · 가정 양립 지원에 관한 법률 제2조(정의)

2. "직장 내 성희롱"이란 사업주 · 상급자 또는 근로자가 직장 내의 지위를 이용하거나 업무와 관련하여 다른 근로자에게 성적 언동 등으로 성적 굴욕감 또는 혐오감을 느끼게 하거나 성적 언동 또는 그 밖의 요구 등에 따르지 아니하였다는 이유로 근로조건 및 고용에서 불이익을 주는 것을 말한다.

남녀고용평등과 일 · 가정 양립 지원에 관한 법률

제14조(직장 내 성희롱 발생 시 조치)

④ 사업주는 제2항에 따른 조사 결과 직장 내 성희롱 발생 사실이 확인된 때에는 피해근로자가 요청하면 근무장소의 변경, 배치전환, 유급휴가 명령 등 적절한 조치를 하여야 한다.

⑤ 사업주는 제2항에 따른 조사 결과 직장 내 성희롱 발생 사실이 확인된 때에는 지체 없이 직장 내 성희롱 행위를 한 사람에 대하여 징계, 근무장소의 변경 등 필요한 조치를 하여야 한다. 이 경우 사업주는 징계 등의 조치를 하기 전에 그 조치에 대하여 직장 내 성희롱 피해를 입은 근로자의 의견을 들어야 한다.

② 사용자는 제1항에 따른 신고를 접수하거나 직장 내 괴롭힘 발생 사실을 인지한 경우에는 지체 없이 당사자 등을 대상으로 그 사실 확인을 위하여 객관적으로 조사를 실시하여야 한다.

③ 사용자는 제2항에 따른 조사 기간 동안 직장 내 괴롭힘과 관련하여 피해를 입은 근로자 또는 피해를 입었다고 주장하는 근로자(이하 "피해근로자등"이라 한다)를 보호하기 위하여 필요한 경우 해당 피해근로자 등에 대하여 근무장소의 변경, 유급휴가 명령 등 적절한 조치를 하여야 한다. 이 경우 사용자는 피해근로자등의 의사에 반하는 조치를 하여서는 아니 된다.

④ 사용자는 제2항에 따른 조사 결과 직장 내 괴롭힘 발생 사실이 확인된 때에는 피해근로자가 요청하면 근무장소의 변경, 배치전환, 유급휴가 명령 등 적절한 조치를 하여야 한다.

⑤ 사용자는 제2항에 따른 조사 결과 직장 내 괴롭힘 발생 사실이 확인된 때에는 지체 없이 행위자에 대하여 징계, 근무장소의 변경 등 필요한 조치를 하여야 한다. 이 경우 사용자는 징계 등의 조치를 하기 전에 그 조치에 대하여 피해근로자의 의견을 들어야 한다.

⑥ 사용자는 직장 내 괴롭힘 발생 사실을 신고한 근로자 및 피해근로자 등에게 해고나 그 밖의 불리한 처우를 하여서는 아니 된다.

> 이를 위반하는 경우에는 3년 이하의 징역 또는 3천만 원 이하의 벌금형

⑦ 제2항에 따라 직장 내 괴롭힘 발생 사실을 조사한 사람, 조사 내용을 보고받은 사람 및 그 밖에 조사 과정에 참여한 사람은 해당 조사 과정에서 알게 된 비밀을 피해근로자 등의 의사에 반하여 다른 사람에게 누설하여서는 아니 된다. 다만, 조사와 관련된 내용을 사용자에게 보고하거나 관계 기관의 요청에 따라 필요한 정보를 제공하는 경우는 제외한다.

제7장 ─ 기능 습득

제77조(기능 습득자의 보호)

사용자는 양성공, 수습, 그 밖의 명칭을 불문하고 기능의 습득을 목적으로 하는 근로자를 혹사하거나 가사, 그 밖의 기능 습득과 관계없는 업무에 종사시키지 못한다.

제8장 ─ 재해보상

→ 공상처리근거(산업재해보상법 제80조제3항)

제78조(요양보상)

① 근로자가 업무상 부상 또는 질병에 걸리면 사용자는 그 비용으로 필요한 요양을 행하거나 필요한 요양비를 부담하여야 한다.

② 제1항에 따른 업무상 질병과 요양의 범위 및 요양보상의 시기는 대통령령으로 정한다.

산업안전보건법 시행규칙 제73조(산업재해 발생 보고 등)

① 사업주는 산업재해로 사망자가 발생하거나 3일 이상의 휴업이 필요한 부상을 입거나 질병에 걸린 사람이 발생한 경우에는 법 제57조 제3항에 따라 해당 산업재해가 발생한 날부터 1개월 이내에 별지 제30호서식의 산업재

해조사표를 작성하여 관할 지방고용노동관서의 장에게 제출(전자문서로 제출하는 것을 포함한다)해야 한다.

산업안전보건법 제57조(산업재해 발생 은폐 금지 및 보고 등)

① 사업주는 산업재해가 발생하였을 때에는 그 발생 사실을 은폐해서는 아니 된다.

② 사업주는 고용노동부령으로 정하는 바에 따라 산업재해의 발생 원인 등을 기록하여 보존하여야 한다.

③ 사업주는 고용노동부령으로 정하는 산업재해에 대해서는 그 발생 개요ㆍ원인 및 보고 시기, 재발방지 계획 등을 고용노동부령으로 정하는 바에 따라 고용노동부장관에게 보고하여야 한다.

산업재해보상법제80조(다른 보상이나 배상과의 관계)

① 수급권자가 이 법에 따라 보험급여를 받았거나 받을 수 있으면 보험가입자는 동일한 사유에 대하여 「근로기준법」에 따른 재해보상 책임이 면제된다.

② 수급권자가 동일한 사유에 대하여 이 법에 따른 보험급여를 받으면 보험가입자는 그 금액의 한도 안에서 「민법」이나 그 밖의 법령에 따른 손해배상의 책임이 면제된다. 이 경우 장해보상연금 또는 유족보상연금을 받고 있는 사람은 장해보상일시금 또는 유족보상일시금을 받은 것으로 본다.

③ 수급권자가 동일한 사유로 「민법」이나 그 밖의 법령에 따라 이 법의 보험급여에 상당한 금품을 받으면 공단은 그 받은 금품을 대통령령으로 정하는 방법에 따라 환산한 금액의 한도 안에서 이 법에 따른 보험급여를 지급하지 아니한다. 다만, 제2항 후단에 따라 수급권자가 지급받은 것으로 보게 되는 장해보상일시금 또는 유족보상일시금에 해당하는 연금액에 대하여는 그러하지 아니하다.

④ 요양급여를 받는 근로자가 요양을 시작한 후 3년이 지난날 이후에 상병보상연금을 지급받고 있으면 「근로기준법」 제23조제2항 단서를 적용할 때 그 사용자는 그 3년이 지난날 이후에는 같은 법 제84조에 따른 일시보상을 지급한 것으로 본다.

요점) 80조에 따르면 동일한 사유에 대해 이중배상을 금지하고 있다.

제79조(휴업보상)

① 사용자는 제78조에 따라 요양 중에 있는 근로자에게 그 근로자의 요양 중 평균임금의 100분의 60의 휴업보상을 하여야 한다.

② 제1항에 따른 휴업보상을 받을 기간에 그 보상을 받을 사람이 임금의 일부를 지급받은 경우에는 사용자는 평균임금에서 그 지급받은 금액을 뺀 금액의 100분의 60의 휴업보상을 하여야 한다.

③ 휴업보상의 시기는 대통령령으로 정한다.

제80조(장해보상)

① 근로자가 업무상 부상 또는 질병에 걸리고, 완치된 후 신체에 장해가 있으면 사용자는 그 장해 정도에 따라 평균임금에 별표에서 정한 일수를 곱한 금액의 장해보상을 하여야 한다.

② 이미 신체에 장해가 있는 사람이 부상 또는 질병으로 인하여 같은 부위에 장해가 더 심해진 경우에 그 장해에 대한 장해보상 금액은 장해 정도가 더 심해진 장해등급에 해당하는 장해보상의 일수에서 기존의 장해등급에 해당하는 장해보상의 일수를 뺀 일수에 보상청구사유 발생 당시의 평균임금을 곱하여 산정한 금액으로 한다.

③ 장해보상을 하여야 하는 신체장해 등급의 결정 기준과 장해보상의 시기는 대통령령으로 정한다.

제81조(휴업보상과 장해보상의 예외)

근로자가 중대한 과실로 업무상 부상 또는 질병에 걸리고 또한 사용자가 그 과실에 대하여 노동위원회의 인정을 받으면 휴업보상이나 장해보상을 하지 아니하여도 된다.

제82조(유족보상)

① 근로자가 업무상 사망한 경우에는 사용자는 근로자가 사망한 후 지체 없이 그 유족에게 평균임금 1,000일분의 유족보상을 하여야 한다.

② 제1항에서의 유족의 범위, 유족보상의 순위 및 보상을 받기로 확정된 사람이 사망한 경우의 유족보상의 순위는 대통령령으로 정한다.

제83조(장례비)

근로자가 업무상 사망한 경우에는 사용자는 근로자가 사망한 후 지체 없이 평균임금 90일분의 장례비를 지급하여야 한다.

제84조(일시보상)

제78조에 따라 보상을 받는 근로자가 요양을 시작한 지 2년이 지나도 부상 또는 질병이 완치되지 아니하는 경우에는 사용자는 그 근로자에게 평균임금 1,340일분의 일시보상을 하여 그 후의 이 법에 따른 모든 보상책임을 면할 수 있다.

제85조(분할보상)

사용자는 지급 능력이 있는 것을 증명하고 보상을 받는 사람의 동의를 받으면 제80조, 제82조 또는 제84조에 따른 보상금을 1년에 걸쳐 분할보상을 할 수 있다.

제86조(보상 청구권)

보상을 받을 권리는 퇴직으로 인하여 변경되지 아니하고, 양도나

압류하지 못한다.

제87조(다른 손해배상과의 관계)

보상을 받게 될 사람이 동일한 사유에 대하여 「민법」이나 그 밖의 법령에 따라 이 법의 재해보상에 상당한 금품을 받으면 그 가액(價額)의 한도에서 사용자는 보상의 책임을 면한다.

해석59 회사 측의 보상기준은 근로기준법에 근거한 사용자 책임한도(근로기준법 제81조 ~ 제83조, 제85조~제88조) 이상이어야 유효합니다.

요양기간동안 상여금을 지급받을 수 있느냐의 문제에 대해서는 노동부는 "업무상 부상이나 질병으로 인한 요양기간 중 근로기준법상의 휴업보상이나 산업재해보상보험법상의 휴업급여를 지급하고 있다면, 동 보상이나 급여는 평균임금을 기준으로 지급되는 것으로서 상여금은 평균임금에 이미 포함되어 있기 때문에 단체협약이나 취업규칙 등에 특별한 정함이 없다면 별도의 상여금 지급의무는 없다 할 것임."이라는 해석을 내놓고 있습니다. (1994.08.06. 임금 68207-499) 즉 휴업급여의 기준임금이 되는 평균임금 산정시 고정적, 정기적으로 지불되는 상여금을 포함하게 되므로 휴업기간 동안 별도의 상여금을 지급하지 않더라도 위법이라 할 수 없다. -김현태 노무사-

제88조(고용노동부장관의 심사와 중재)

① 업무상의 부상, 질병 또는 사망의 인정, 요양의 방법, 보상금액의 결정, 그 밖에 보상의 실시에 관하여 이의가 있는 자는 고용노동부

장관에게 심사나 사건의 중재를 청구할 수 있다.

해석60 병가처리 기준

근로기준법에서는 근로자가 개인적 사용을 인한 병가는 별도 규정되어 있는 부분이 없으므로, 병가는 회사 자체의 규정이나, 취업규칙 또는 단체협약 등에 명시조항에 따르면 된다. 근로자 개인이 원해서 하는 휴직에 대해서도 근로기준법에서 정함이 없다.

대부분의 회사에서는 연차를 병가처리 소진하게 하여 처리하여, 주휴수당은 지급(결근 아님)하고 있다. 다만, 병가처리 유무와 무관하게 질병에 걸린 근로자는 해고 대상이 되지는 않는다.

② 제1항의 청구가 있으면 고용노동부장관은 1개월 이내에 심사나 중재를 하여야 한다.

③ 고용노동부장관은 필요에 따라 직권으로 심사나 사건의 중재를 할 수 있다.

④ 고용노동부장관은 심사나 중재를 위하여 필요하다고 인정하면 의사에게 진단이나 검안을 시킬 수 있다.

⑤ 제1항에 따른 심사나 중재의 청구와 제2항에 따른 심사나 중재의 시작은 시효의 중단에 관하여는 재판상의 청구로 본다.

제89조(노동위원회의 심사와 중재)

① 고용노동부장관이 제88조제2항의 기간에 심사 또는 중재를 하지 아니하거나 심사와 중재의 결과에 불복하는 자는 노동위원회에 심사나 중재를 청구할 수 있다.

② 제1항의 청구가 있으면 노동위원회는 1개월 이내에 심사나 중재를 하여야 한다.

제90조(도급 사업에 대한 예외)

① 사업이 여러 차례의 도급에 따라 행하여지는 경우의 재해보상에 대하여는 원수급인(元受給人)을 사용자로 본다.

② 제1항의 경우에 원수급인이 서면상 계약으로 하수급인에게 보상을 담당하게 하는 경우에는 그 수급인도 사용자로 본다. 다만, 2명 이상의 하수급인에게 똑같은 사업에 대하여 중복하여 보상을 담당하게 하지 못한다.

③ 제2항의 경우에 원수급인이 보상의 청구를 받으면 보상을 담당한 하수급인에게 우선 최고(催告)할 것을 청구할 수 있다. 다만, 그 하수급인이 파산의 선고를 받거나 행방이 알려지지 아니하는 경우에는 그러하지 아니하다.

제91조(서류의 보존)

사용자는 재해보상에 관한 중요한 서류를 재해보상이 끝나지 아니하거나 제92조에 따라 재해보상 청구권이 시효로 소멸되기 전에 폐기하여서는 아니 된다.

제92조(시효)

이 법의 규정에 따른 재해보상 청구권은 3년간 행사하지 아니하면 시효로 소멸한다.

제9장 — 취업규칙

제93조(취업규칙의 작성 · 신고)

상시 10명 이상의 근로자를 사용하는 사용자는 다음 각 호의 사항에 관한 취업규칙을 작성하여 고용노동부장관에게 신고하여야 한다. 이를 변경하는 경우에도 또한 같다.

1. 업무의 시작과 종료 시각, 휴게시간, 휴일, 휴가 및 교대 근로에 관한 사항

2. 임금의 결정 · 계산 · 지급 방법, 임금의 산정기간 · 지급시기 및 승급(昇給)에 관한 사항

3. 가족수당의 계산 · 지급 방법에 관한 사항

4. 퇴직에 관한 사항

5. 「근로자퇴직급여 보장법」 제4조에 따라 설정된 퇴직급여, 상여 및 최저임금에 관한 사항

6. 근로자의 식비, 작업 용품 등의 부담에 관한 사항

7. 근로자를 위한 교육시설에 관한 사항

8. 출산전후휴가 · 육아 등 근로자의 모성 보호 및 일 · 가정 양립 지원에 관한 사항

9. 안전과 보건에 관한 사항

9의2. 근로자의 성별 · 연령 또는 신체적 조건 등의 특성에 따른 사업장 환경의 개선에 관한 사항

10. 업무상과 업무 외의 재해부조(災害扶助)에 관한 사항

11. 직장 내 괴롭힘의 예방 및 발생 시 조치 등에 관한 사항

12. 표창과 제재에 관한 사항

13. 그 밖에 해당 사업 또는 사업장의 근로자 전체에 적용될 사항

남녀고용평등과 일·가정 양립 지원에 관한 법률

① 사업주는 근로자가 만 8세 이하 또는 초등학교 2학년 이하의 자녀(입양한 자녀를 포함한다)를 양육하기 위하여(육아을 신청하는 경우에 이를 허용하여야 한다(「남녀고용평등과 일·가정 양립 지원에 관한 법률」 제19조제1항). 다만, 육아을 시작하려는 날(개시예정일)의 전날까지 해당 사업에서 계속 근로한 기간이 6개월 미만인 근로자가 신청한 경우에는 그러하지 아니하다(동법 시행령 제10조). 육아을 신청할 수 있는 근로자는 여성일 것을 요하지 않으므로 그 배우자인 남성도 신청할 수 있으며 또 그 영아의 생부모일 것을 요하지 않는다.

② 육아의 기간은 1년 이내로 한다. (동법 제19조제2항)

③ 사업주는 육아휴일을 이유로 해고나 그 밖의 불리한 처우를 하여서는 아니 되며 육아 기간에는 그 근로자를 해고하지 못한다. 다만, 사업을 계속할 수 없는 경우는 그러하지 아니하다. (동법 제19조제3항).

④ 사업주는 육아을 마친 후에는 전과 동일한 업무 또는 같은 수준의 임금을 지급하는 직무에 복귀시켜야 하며, 육아기간은 근속기간에 포함하여야 한다. (동법 제19조제4항)

⑤ 기간제근로자 또는 파견근로자의 육아기간은 「기간제 및 단시간근로자 보호 등에 관한 법률」 제4조에 따른 사용기간 또는 「파견근로자 보호 등에 관한 법률」 제6조에 따른 근로자파견기간에 산입하지 아니한다. (동법 제19조제5항)

⑥근로자는 육아을 1회에 한정하여 나누어 사용할 수 있다. (동법 제19조의4 제1항)

제94조(규칙의 작성, 변경 절차)

① 사용자는 취업규칙의 작성 또는 변경에 관하여 해당 사업 또는 사업장에 근로자의 과반수로 조직된 노동조합이 있는 경우에는 그 노동조합, 근로자의 과반수로 조직된 노동조합이 없는 경우에는 근로자의 과반수의 의견을 들어야 한다. 다만, 취업규칙을 근로자에게 불리하게 변경하는 경우에는 그 동의를 받아야 한다.

해석61 ▶ 근로자 대표의 권한

근로자위원이 근로자 과반수 동의를 얻어 선정된 경우가 아니라면, 근로자대표로 보기 어려우며, 근로기준법상 근로자대표는 여러 가지 사항에 대해 사용자와 합의 여부를 결정할 수 있는 권한이 있는데 그 중 탄력근무제, 선택근무제 등 유연근무제 도입 여부, 경영상 이유에 의한 해고 시 사전 협의, 보상휴가제 실시 여부 등에 관해 부여된 권한이 대표적인 경우입니다.

먼저 근로자대표의 정의는 근로자 과반수로 조직된 노동조합(이하 과반수 노조)이 있을 경우에는 그 노동조합의 대표, 과반수 노조가 없을 경우에는 근로자 과반수의 동의를 받아 선정된 근로자로, 근로자참여보장법상 노사협의회 근로자위원과 근로기준법상 근로자대표는 원칙적으로 구분되는 개념입니다.

또한, 근로자대표를 선정할 때에는 대표권을 행사한다는 것을 근로자들에게 주지시킨 상태에서, 과반수 의사를 모아 선정하여야 하는데, 원칙적으로 노사협의회 근로자위원은 반드시 과반수 찬성을 얻어야 할 것을 요건으로 하지 않기 때문에, 근로기준법상 근로자대표로 해석될 수 없다. 따라서 노사협의회 근로자위원과 근로기준법상 근로자대표가 당연히 동일하다고 해석되기는 어렵다.

다만, 근로자대표의 권한도 가지는 노사협의회 근로자위원을 선출하고자 한다면, 근로자 전원에게 투표권이 부여된 상태에서 과반수 이상 득표한 자가 근로기준법상 근로자대표의 권한도 가진다는 사실을 명확히 공지하고, 근로자 과반수의 지지를 얻은 근로자위원에 한해 근로자대표 권한 부여하여야 한다.

② 사용자는 제93조에 따라 취업규칙을 신고할 때에는 제1항의 의견을 적은 서면을 첨부하여야 한다.

[판례 53] 취업규칙 작성·변경 절차

• 의견 청취: 근로자의 의견을 듣는 것으로 족하며, 그 의견에 구속되지 않음. 의견은 서면으로 기재하여야 하며, 사내전자게시판 등을 활용한 경우에도 이를 작성(출력)하여 취업규칙 신고서에 첨부 (2003.9.25. 근기 68207-1213)

• 묵시적 동의 불인정: 노동조합이나 근로자들이 소극적으로 이의를 제기하지 않은 것을 동의라고 볼 수 없음. (대판 2000.9.29. 99다45376)

• 사용자의 개입으로 근로자들의 자율적이고 집단적인 의사결정을 저해할 정도로 명시 또는 묵시적인 방법으로 동의를 강요하는 경우 위법. (대판 2010.1.28. 2009다32362)

제95조(제재 규정의 제한)

취업규칙에서 근로자에 대하여 감급(減給)의 제재를 정할 경우에 그 감액은 1회의 금액이 평균임금의 1일분의 2분의 1을, 총액이 1임금지급기의 임금 총액의 10분의 1을 초과하지 못한다.

제96조(단체협약의 준수)

① 취업규칙은 법령이나 해당 사업 또는 사업장에 대하여 적용되는 단체협약과 어긋나서는 아니 된다.

② 고용노동부장관은 법령이나 단체협약에 어긋나는 취업규칙의 변경을 명할 수 있다.

> Q. 취업규칙보다 근로계약의 내용이 근로자에게 유리한 경우
> A. ex) 근로계약서에서 임금액을 특정한 경우, 과반서 노동조합의 동의로 취업규칙을 변경하여 임금이 낮아지는 임금피크제를 도입했어도 근로계약서를 변경하지 않았다면 유리한 내용을 정한 근로계약이 적용된다.
>
> (대판 2019.11.14., 2018다200709)

[판례 54] 임금피크제보다 유리한 기존 연봉근로계약에 따라 임금 및 퇴직금을 청구한 사건

근로자에게 불리한 내용으로 변경된 취업규칙은 집단적 동의를 받았다고 하더라도 그보다 유리한 근로조건을 정한 기존의 개별 근로계약 부분에 우선하는 효력을 갖는다고 할 수 없다.

취업규칙은 임금피크제의 적용대상자가 된 근로자인 원고에 대하여 근로계약에서 정한 연봉액을 60% 또는 40% 삭감하는 것을 내용으로 하고 있으므로, 연봉액에 관하여 근로계약이 이 사건 취업규칙보다 유리한 근로조건을 정하고 있다고 할 것이고, 따라서 원고가 취업규칙의 기준에 따라 근로계약을 변경하는 것에 대하여 동의하지 아니하였으므로 연봉액에 관하여 취업규칙보다 유리한 근로조건을 정한 근로계약이 우선하여 적용되며, 결국 취업규칙에 대하여 과반수 노동조합의 동의를 받았다고 하더라도 근로계약은 유효하게 존속하고, 이 사건 취업규칙에 의하여 근로계약에서 정한 연봉액을 삭감할 수 없다. (대법원 2019.11.14. 선고 중요판결)

제97조(위반의 효력)
취업규칙에서 정한 기준에 미달하는 근로조건을 정한 근로계약은 그 부분에 관하여는 무효로 한다. 이 경우 무효로 된 부분은 취업규칙에 정한 기준에 따른다.

제10장 — 기숙사

제98조(기숙사 생활의 보장)

① 사용자는 사업 또는 사업장의 부속 기숙사에 기숙하는 근로자의 사생활의 자유를 침해하지 못한다.

② 사용자는 기숙사 생활의 자치에 필요한 임원 선거에 간섭하지 못한다.

제99조(규칙의 작성과 변경)

① 부속 기숙사에 근로자를 기숙시키는 사용자는 다음 각 호의 사항에 관하여 기숙사규칙을 작성하여야 한다.

1. 기상(起床), 취침, 외출과 외박에 관한 사항

2. 행사에 관한 사항

3. 식사에 관한 사항

4. 안전과 보건에 관한 사항

5. 건설물과 설비의 관리에 관한 사항

6. 그 밖에 기숙사에 기숙하는 근로자 전체에 적용될 사항

② 사용자는 제1항에 따른 규칙의 작성 또는 변경에 관하여 기숙사에 기숙하는 근로자의 과반수를 대표하는 자의 동의를 받아야 한다.

③ 사용자와 기숙사에 기숙하는 근로자는 기숙사규칙을 지켜야 한다.

제100조(부속 기숙사의 설치 · 운영 기준)

사용자는 부속 기숙사를 설치 · 운영할 때 다음 각 호의 사항에 관하여 대통령령으로 정하는 기준을 충족하도록 하여야 한다.

1. 기숙사의 구조와 설비

2. 기숙사의 설치 장소

3. 기숙사의 주거 환경 조성

4. 기숙사의 면적

5. 그 밖에 근로자의 안전하고 쾌적한 주거를 위하여 필요한 사항

제100조의2(부속 기숙사의 유지관리 의무)

사용자는 제100조에 따라 설치한 부속 기숙사에 대하여 근로자의 건강 유지, 사생활 보호 등을 위한 조치를 하여야 한다.

제11장 — 근로감독관 등

제101조(감독 기관)

① 근로조건의 기준을 확보하기 위하여 고용노동부와 그 소속 기관에 근로감독관을 둔다.

② 근로감독관의 자격, 임면(任免), 직무 배치에 관한 사항은 대통령령으로 정한다.

> ### 근로감독과 집무규정 제79조(과태료감경)
>
> 감독관은 노동관계법령 위반 등을 이유로 과태료를 부과함에 있어 위반행위자가 과태료 부과처분을 위한 사전통지 및 의견진술 안내문을 받은 날로부터 10일 이내에 위반사항에 대한 시정을 완료한 경우에는 관련 법령에서 정한 과태료 부과 금액의 2분의 1을 감경할 수 있다. 다만, 위반행위자가 노동관계법령을 위반하여 부과된 과태료를 체납하고 잇는 경우에는 그러하지 아니한다.

제102조(근로감독관의 권한)

① 근로감독관은 사업장, 기숙사, 그 밖의 부속 건물을 현장조사하고 장부와 서류의 제출을 요구할 수 있으며 사용자와 근로자에 대하여 심문(尋問)할 수 있다.

② 의사인 근로감독관이나 근로감독관의 위촉을 받은 의사는 취업을 금지하여야 할 질병에 걸릴 의심이 있는 근로자에 대하여 검진할

수 있다.

③ 제1항 및 제2항의 경우에 근로감독관이나 그 위촉을 받은 의사
는 그 신분증명서와 고용노동부장관의 현장조사 또는 검진지령서(檢診
指令書)를 제시하여야 한다.

④ 제3항의 현장조사 또는 검진지령서에는 그 일시, 장소 및 범위를
분명하게 적어야 한다.

⑤ 근로감독관은 이 법이나 그 밖의 노동 관계 법령 위반의 죄에 관
하여 「사법경찰관리의 직무를 행할 자와 그 직무범위에 관한 법률」에
서 정하는 바에 따라 사법경찰관의 직무를 수행한다.

제103조(근로감독관의 의무)

근로감독관은 직무상 알게 된 비밀을 엄수하여야 한다. 근로감독관
을 그만둔 경우에도 또한 같다.

제104조(감독 기관에 대한 신고)

① 사업 또는 사업장에서 이 법 또는 이 법에 따른 대통령령을 위반
한 사실이 있으면 근로자는 그 사실을 고용노동부장관이나 근로감독
관에게 통보할 수 있다.

② 사용자는 제1항의 통보를 이유로 근로자에게 해고나 그 밖에 불
리한 처우를 하지 못한다.

제105조(사법경찰권 행사자의 제한)

이 법이나 그 밖의 노동 관계 법령에 따른 현장조사, 서류의 제출,

심문 등의 수사는 검사와 근로감독관이 전담하여 수행한다. 다만, 근로감독관의 직무에 관한 범죄의 수사는 그러하지 아니하다.

제106조(권한의 위임)

이 법에 따른 고용노동부장관의 권한은 대통령령으로 정하는 바에 따라 그 일부를 지방고용노동관서의 장에게 위임할 수 있다.

제12장 — 벌칙

제107조(벌칙)

제7조, 제8조, 제9조, 제23조제2항 또는 제40조를 위반한 자는 5년 이하의 징역 또는 5천만원 이하의 벌금에 처한다.

제108조(벌칙)

근로감독관이 이 법을 위반한 사실을 고의로 묵과하면 3년 이하의 징역 또는 5년 이하의 자격정지에 처한다.

제109조(벌칙)

① 제36조, 제43조, 제44조, 제44조의2, 제46조, 제51조의3, 제52조제2항제2호, 제56조, 제65조, 제72조 또는 제76조의3제6항을 위반한 자는 3년 이하의 징역 또는 3천만원 이하의 벌금에 처한다.

② 제36조, 제43조, 제44조, 제44조의2, 제46조, 제51조의3, 제52조제2항제2호 또는 제56조를 위반한 자에 대하여는 피해자의 명시적인 의사와 다르게 공소를 제기할 수 없다.

제110조(벌칙)

다음 각 호의 어느 하나에 해당하는 자는 2년 이하의 징역 또는 2천만원 이하의 벌금에 처한다.

1. 제10조, 제22조제1항, 제26조, 제50조, 제51조의2제2항, 제52조
   제2항제1호, 제53조제1항 · 제2항, 같은 조 제4항 본문 · 제7항,
   제54조, 제55조, 제59조제2항, 제59조제2항, 제60조제1항 · 제
   2항 · 제4항 및 제5항, 제64조제1항, 제69조, 제70조제1항 · 제
   2항, 제71조, 제74조제1항부터 제5항까지, 제75조, 제78조부터
   제80조까지, 제82조, 제83조 및 제104조제2항을 위반한 자.
2. 제53조제5항에 따른 명령을 위반한 자.

제111조(벌칙)

제31조제3항에 따라 확정되거나 행정소송을 제기하여 확정된 구제
명령 또는 구제명령을 내용으로 하는 재심판정을 이행하지 아니한 자
는 1년 이하의 징역 또는 1천만원 이하의 벌금에 처한다.

제112조(고발)

① 제111조의 죄는 노동위원회의 고발이 있어야 공소를 제기할 수
있다.

② 검사는 제1항에 따른 죄에 해당하는 위반행위가 있음을 노동위
원회에 통보하여 고발을 요청할 수 있다.

제113조(벌칙)

제45조를 위반한 자는 1천만원 이하의 벌금에 처한다.

제114조(벌칙)

다음 각 호의 어느 하나에 해당하는 자는 500만원 이하의 벌금에 처한다.

1. 제6조, 제16조, 제17조, 제20조, 제21조, 제22조제2항, 제47조, 제53조제4항 단서, 제67조제1항·제3항, 제70조제3항, 제73조, 제74조제6항, 제77조, 제94조, 제95조, 제100조 및 제103조를 위반한 자

2. 제96조제2항에 따른 명령을 위반한 자

제115조(양벌규정)

사업주의 대리인, 사용인, 그 밖의 종업원이 해당 사업의 근로자에 관한 사항에 대하여 제107조, 제109조부터 제111조까지, 제113조 또는 제114조의 위반행위를 하면 그 행위자를 벌하는 외에 그 사업주에 게도 해당 조문의 벌금형을 과(科)한다. 다만, 사업주가 그 위반행위를 방지하기 위하여 해당 업무에 관하여 상당한 주의와 감독을 게을리하지 아니한 경우에는 그러하지 아니하다.

제116조(과태료)

① 사용자(사용자의 「민법」 제767조에 따른 친족 중 대통령령으로 정하는 사람이 해당 사업 또는 사업장의 근로자인 경우를 포함한다)가 제76조의2를 위반하여 직장 내 괴롭힘을 한 경우에는 1천만원 이하의 과태료를 부과한다.

> **근로기준법 시행령 제2조(직장 내 괴롭힘 발생 시 조치에 관한 적용례)**
>
> 제76조의3제2항 및 제7항의 개정규정은 이 법 시행 후 발생한 직장 내 괴롭힘의 경우부터 적용한다.
> − 직장 내 괴롭힘 발생사실 확인을 위해 조사를 실시하지 않은 경유 : 300만원
> − 피해 근로자가 요청 시 근무장소 변경 등 적절한 조치를 취하지 않은 경유 : 200만원
> − 가해자에게 징계 등 필요한 조치를 하지 않은 경우 : 200만원
> − 조사과정에서 알게 된 비밀을 다른 사람에게 누설한 경우 : 300만원

② 다음 각 호의 어느 하나에 해당하는 자에게는 500만원 이하의 과태료를 부과한다.

1. 제13조에 따른 고용노동부장관, 노동위원회 또는 근로감독관의 요구가 있는 경우에 보고 또는 출석을 하지 아니하거나 거짓된 보고를 한 자.

2. 제14조, 제39조, 제41조, 제42조, 제48조, 제66조, 제74조제7항, 제76조의3제2항·제4항·제5항·제7항, 제91조, 제93조, 제98조제2항 및 제99조를 위반한 자

3. 제51조의2제5항에 따른 임금보전방안을 신고하지 아니한 자

4. 제102조에 따른 근로감독관 또는 그 위촉을 받은 의사의 현장조사나 검진을 거절, 방해 또는 기피하고 그 심문에 대하여 진술을 하지 아니하거나 거짓된 진술을 하며 장부·서류를 제출하지 아니하거나 거짓 장부·서류를 제출한 자

③ 제1항 및 제2항에 따른 과태료는 대통령령으로 정하는 바에 따라 고용노동부장관이 부과·징수한다.

1. 부당해고 진정 판결문

－ 답 변 서 －

사　건　　0000병원 부당해고 신청

(서울2021부해1161)

신청인　　000 (00**** 1******)

(근로자)　서울 은평구

피신청인　0000병원

(사용자)　소재지 서울특별시

대표이사 000

　위 사건에 대하여 이 사건 피신청인 0000병원은 다음과 같이 답변서를 제출합니다.

2021. 06. 18.

위 피신청인 0000병원

대표이사 0 0 0 (인)

- 답 변 서 -

답 변 취 지

이 사건 신청인의 구제신청을 기각한다.
라는 결정을 구합니다.

답 변 이 유

Ⅰ. 당사자 관계

1. 신청인

신청인 000(이하 '신청인'이라 함)은 0000병원(이하'피신청인'이라 함)와 2020. 5. 31. 근무기간을 1년으로 하는 기간제 근로계약을 체결하고 건강증진센터 직원으로 업무를 수행하다가 기간이 만료되어 퇴사한 근로자입니다.

2. 피신청인

피신청인은 의료법인 00의료재단 산하 00병원그룹 제 3병원인 0000병원으로 보건복지부 인증의료기관 지정, 지역응급의료기관 최우수등급 인증 등, 60명의 의료진과 000병상 규모를 갖춘 종합병원으로 지역주민을 위한 중증 외상환자, 응급환자를 치료하며, 환자를 최우선으로 하는 의료서비스를 제공함을 목적으로 설립된 전문병원입니다.

II. 기간제 근로계약 체결과 기간만료에 의한 근로계약관계 종료

피신청인의 0000병원장(병원장 000, 이하 '0000병원'이라 함)은 2020. 6.경 건강증진센터 증축으로 역무가 증가함에 따라 추가 직원들이 필요하였습니다.

이에 0000병원장은 신청인을 포함한 입사 합격자들을 상대로 면접, 신체검사 등의 절차를 거쳐 0000병원 명의로 2명과 각각 계약기간 1년의 기간제 근로계약을 체결하였습니다.

근로계약서에 근로계약기간을 2020. 6. 1 ~ 2021. 5. 31.로 하고 기간만료로 근로계약이 종료된다는 점도 명시하였으며, 신청인에게 그 내용을 미리 고지하고 근로계약서 자필 작성 후 1부를 배부하였습니다. 이는 계약기간 1년의 기간제 근로계약임을 숙지하고 근로계약을 체결한 것이고, 피신청인이 건강증진센터에서 종사할 업무는 기간제 근로자를 채용하는 직무이며, 회사 내규 〈취업규칙〉에 따라 1년의 기간으로 근로계약을 체결하고 있습니다.

그 후 1년도래 1개월 전 2021. 04. 01 근로자 기간제 직원 평가 실시 결과 재계약 조건을 충족하지 못하여 2021.04.12 신청인에게 근로계약이 종료됨을 담당부서장(김00 팀장)이 고지함.

신청인은 계약해지 통보 시점에 [기간제 평가표]에 공정성을 제기하여, 총무팀에서 재논의 결과 절차상 하자, 부서장 합리적 평가 결과로 재평가 논의 변동사항 없음을 통보 함.

2차 통보 이후 다시 출산휴가(임신)에 대한 피해 사실을 언급하며, 최종결재권자 승인없이 무단으로 5/3일부로 출근하지 않은 부분에 대해서도 병원은 신청인 퇴사시 불이익을 고려하여, 무단결근 기간내 연차휴가(5/3~5/4. 2日), 기타휴가(5/6~5/17. 12日)로 처리하여 급여 손실보장을 배려한 사실이 있습니다.

신청인은 2021. 5. 31.자로 근로계약 기간이 만료된다는 사실을 확인하고 함께 근무하는 계약직 동료들에게 계약해지를 이유로 불안감을 조성하여, 직장내 분위기를 저해한 사실에 대해서도, 피신청인은 임산부임을 고려하여 신청인에 대한 어떠한 징계위원회를 개최한 사실이 없습니다.

피의자 신청 이유서 시간경위서 해명사항

- 피의자 : 특별한 사유가 아니면 자동으로 정규직 전환이 된다고 구두~

- 소   명 : 「자동 정규직」용어 언급 불가 〈인사지침 Ⅶ신분 계약직 1년운영
  명시〉

- 피의자 : 입사한 근로자 전부 정규직으로 전환되었고~
- 소   명 : 부서장 고유권한인「근무평가표」에 근거하여 정규직 전환
  ※ 피의자의 경우는 담당부서장, 담당부장, 센터장 (3인)협의 후 평가서 작성

- 피의자 : 정규직에 준하는 업무를 하였고, 부서장 대행업무를 했었으며~
- 소   명 : 해당업무는 정규직 · 비정규직 구분이 없으며,
  피의자(6급) 직원이 부서장(3급) 역무수행 불가/업무영역 상이

- 피의자 : 재평가를 원하면 해주겠다고 진행 했으나~
- 소   명 : 기안서〈첨부 참조〉명시/ 행정부장, 경영지원실장, 건강증진팀장
  참석
  ※ 재평가 논의 결과 변동사항 없음을 피의자에게 유선통보 함

- 피의자 : 재입사시 채용해 주겠다는 것은~
- 소   명 : 피의자 법정휴가 기간내 계약이 종료되는 점을 고려하여, 향후
  재입사 희망 시 공개경쟁을 통해 입사 고려 대상으로 검토하겠다
  는 배려 의견

- 피의자 : 정규직 채용공고를 보고 입사 지원을 했으며~
- 소   명 : 보건직, 사무식은 채용 후 1년 도래시 평가를 철저히 한 후 우수
  한 경우에만 정규직으로 전환하거나, 재계약을 결정하되 2년을
  초과 할 수 없도록 함 〈인사지침 Ⅷ 신분 관련조항 일부 발취 中〉

- 피의자 : 정규직 채용공고를 보고 입사 지원을 했으며~
- 소 명 : 보건직, 사무식은 채용 후 1년 도래시 평가를 철저히 한 후 우수한 경우에만 정규직으로 전환하거나, 재계약을 결정하되 2년을 초과 할 수 없도록 함 〈인사지침 Ⅶ 신분 관련조항 일부 발취 中〉

- 피의자 : 출산으로 인한 근로가 어려운 상항이기 때문에 계약기간 종료를 통보
- 소 명 : 외부자문법인(노무사)을 통해 만기도래 1개월전 해당사항 검토 결과 출산과 무관한 계약기간 종료임을 재차 확인한 사항이며, 위 사실 역시 피의자와 총무팀장 면담시 노무사 의견 포함 전달하였음.

- 피의자 : 〈부당해고 등 구제 신청서 신청이유〉 中
  현재 부서내에 신규 직원 채용공고가 진행중인 것을 보아 출산으로 인한~
- 소 명 : 계약만기로 인한 결원 발생건으로 업무량 증대 예상 충원공고 시행

Ⅲ. 결 론

이 사건 2021. 5. 31.자 근로계약이 기간의 정함이 있는 근로계약에 해당하고, 신청인과 피신청인 사이의 근로계약관계는 그 기간의 만료로 종료된 것이지 신청인이 부당해고된 것이 아닙니다.

그러므로 신청인의 이 사건 신청은 기각되어야 마땅할 것입니다.

▨ 입 증 자 료 ▨

– 사 제1호 증 피신청인 사업자등록증 및 법인등기부등본

– 사 제2호 증 피신청인 취업규칙

– 사 제3호 증 피신청인 인사관리규정

– 사 제4호 증 근로계약서(2020. 6. 1.)

– 사 제5호 증 단체협약서

– 사 제6호 증 4개월분 급여명세서

– 사 제7호 증 회사 조직도

– 사 제8호 증 주요사항 일정표 서식

– 사 제9호 증 기타증빙서류

(휴가원–출산, 기간제 평가표, 계약종료 내부품의, 고용노동부 민원)

▨ 첨 부 서 류 ▨

– 1. 위 입증자료 각 1부

2021. 06. 18.

피신청인 0000병원

대표이사 ○ ○ ○ (인)

서울지방노동위원회 위원장 귀하

2. 정부투자기관 취업규칙 세부관리요령

제1장 근태

제1조 (근무시간)

취업규칙 (이하 "규칙"이라 한다) 제16조의 규정에 따른 통상근무자의 시무 및 종무시각과 휴식시간은 다음과 같다. 다만, 정부지시가 있을 때에는 이에 따른다.

1. 1일 근무시간은 9시부터 18시까지로 한다.
2. 휴게시간은 중식시간을 포함 1시간으로 한다.

제2조 (지참 및 조퇴)

① 지참은 출근시각으로부터 3시간까지의 출근을 말한다.

② 조퇴는 종무시각전의 퇴근을 말한다

③ 지참이나 조퇴에 인하여 당해 근로일의 근로제공이 현저히 해당 직무의 업무수행에 해당되는 것으로 볼 수 없는 경우에는 그 이후의 근로제공을 인정하지 않고 결근으로 취급할 수 있다.

제3조 (구속된 자의 근태취급)

① 직원이 관계기관에 연행 또는 구속되었을 때에는 즉시 그 사항을 인사담당부서장에게 보고하여야 한다.

② 직무수행으로 인한 사건으로서 무혐의가 확정된 경우에는 사장 또는 사업소장의 인정에 따라 특별휴가로 처리할 수 있다.

③ 제2항 이외에 본인의 귀책사유로 인하여 구속된 경우에는 유계 결근으로 취급한다.

④ 구속·기소되었을 때의 휴직발령은 기소일로 한다.

⑤ 당사와 관계없는 민·형사사건의 증인으로 당국에 소환 당하였을 때에는 회사에서 인정하였을 경우에 한하여 특별휴가로 인정한다.

제4조 (무보직자의 근태취급)

인사관리규정 제29조 제1항의 규정에 따라 무보직된 자는 출근을 정지할 수도 있다.

제5조 (특별유급휴가)

① 규칙 제27조의 규정에 따른 휴가를 요하는 자는 사실을 증명할 만한 증빙서를 제출하여야 한다. 다만, 증빙서를 첨부할 수 없는 휴가는 소속 부서장의 인정으로 대치할 수 있으나 3일 이상의 질병휴가에 있어서는 치료기간을 예정한 회사지정병원·공의 또는 종합병원의 진단서를 반드시 제출하여야 한다. 다만, 골절상 등 식별이 용이한 외과 질환의 경우에 한하여 일반·전문 병(의)원의 진단서도 가능하다.

② 축휴, 기휴에 있어서 회갑 또는 탈상일을 택일하여 경조하는 경우에는 이를 인정할 수 있다.

③ 산전 및 산후휴가는 산후 휴가기간이 45일 이상이 되도록 하여야 한다.

④ 임신 중의 여성에게 산전과 산후를 통하여 90일의 보호휴가를 주되, 임신 16주 이후 유산 또는 사산한 경우에는 노동관계법령에 따라 보호휴가를 부여한다.

제6조 (결근중의 휴일) 결근(또는 특별유급휴가)

기간 중의 휴일, 휴무일은 결근(또는 특별유급휴가)일수로 간주한다. 다만, 연차휴가 실시기간중의 휴일은 휴가에 산입하지 아니한다.

제7조 (연차휴가)

① 규칙 제26조 제1항과 관련하여 개근자라 함은 휴가계산 기간 중 유(무)결 · 병결 · 정직 또는 휴직이 없는 자를 말하며 8할 이상 출근자라 함은 휴가계산 기간 중 총 근무일수의 8할 이상 출근자를 말한다.

② 3년 이상 근속자의 연차휴가 계산은 관계법령에 의한다.

제8조 (출근부의 정리)

① 직원의 근태상황은 근태관리부에 의하여 관리한다.

② 근태담당자는 소속 직원의 근태상황을 점검하여 그 결과를 근태관리부에 기록하여야 한다

③ 제1항의 사유표시는 다음과 같이 한다.

공휴, 현장출근, 출장, 공상, 유결, 무결, 병결, 연휴, 축휴, 기휴, 특휴, 생휴, 산휴, 병휴, 정직, 지참, 조퇴, 휴직, 교육, 파견, 본사부, 사업소부

제9조 (근태상황 점검)

근태주관부서에서는 사업장별로 매 분기별 1회 이상 출·퇴근 및 이석상황을 점검한다.

제10조 (근태연차휴가카드)

근태주관부서에서는 개인별 근태연차휴가카드를 작성·비치하고 이동시 해당 전입사업소로 송부하여야 한다.

제11조 (근태계 제출)

각종 근태계 제출은 서면으로 소속 부서장에게 제출하여야 한다. 단, 특별한 사정으로 인하여 본인이 직접 제출하지 못할 때에는 대리인을 통하여 소속 부서장에게 제출할 수 있다.

제2장 출장

제12조 (사업소장의 출장)

지사장이 출장하고자 할 때에는 사전에 담당 본부장에게 사업소장은 소속 사업소장 또는 본사 해당 부서장에게 보고하여야 한다.

제13조 (근태확인)

출장자는 출장명령을 득한 후 근태담당자의 확인을 받아야 한다.

제14조 (예산)

출장은 예산범위내에서 집행하여야 한다.

제3장 퇴직 및 해임

제15조 (해고예고의 예외)

취업규칙 제58조의 규정을 다음 각호의 경우에는 적용하지 아니한 다.

1. 삭 제

2. 근로기준법 제26조 단서에 해당되는 경우 또는 근로기준법 제35 조에 해당되는 자

3. 천재, 사변, 기타 부득이한 경우

부   칙

이 요령은 20 . . 부터 시행한다.

3. 보상휴가제 노사 합의서

0000주식회사(이하 "회사"라 함)와 00건설기업노동조합 0000지부(이하 "근로자 대표"라 함)는 보상휴가제에 관하여 다음과 같이 합의한다.

제1조 (목적)

이 합의서는 보상휴가제를 실시하는데 필요한 사항을 정하는 것을 목적으로 한다.

제2조 (적용범위)

보상휴가제는 전직원을 대상으로 한다.

제3조 (보상휴가 실시)

노사가 정한 근로시간을 초과한 연장근로에 대해 근로자의 신청에 의한 근로기준법 제57조에 의한 보상휴가제를 실시한다.

제4조 (보상휴가 사용기간)

① 보상휴가는 발생 후 최대 2개월까지 사용할 수 있다.

2개월의 산정방법은 해당월 중도 발생분의 다음 달부터 2개월로 한다.

② 보상휴가의 발생은 연장근로일 다음날로 본다.

③ 사용하지 않은 제①항의 보상휴가에 대해서는 이를 수당으로 지급한다.

제①항의 기한이 초과된 달(3개월 째)의 임금지급일로 한다.

제5조 (신청 방식)

연장근로신청서 작성 시, 보상휴가 사용계획서를 작성하여 동시에 결재를 진행한다.

제6조 (사용 방식)

휴가 신청자는 휴가신청에 연장근로신청서를 첨부하여 신청 후 사용한다.(휴가신청 항목에 보상휴가 추가)

제7조 (유효 기간)

본 합의의 유효기간은 2020년 1월 1일부터 1년간 유효하다.

202 . . .

0000주식회사   전국0000노동조합

대표이사   00지부 위원장 0 0 0

4. 2주 단위 탄력적 근로시간제 노사 합의서

0000주식회사(이하 "회사"라 함)와 00건설기업노동조합 0000지부(이하 "근로자 대표"라 함)는 2주 단위 탄력적 근로시간제에 관하여 다음과 같이 합의한다.

제1조 (목적)

이 합의서는 근로기준법 제51조 제1항에 따라 2주 이내 탄력적 근로시간제를 실시하는데 필요한 사항을 정하는 것을 목적으로 한다.

제2조 (적용대상자)

이 합의서의 내용은 현장(본사를 제외한) 근로자에 적용한다. 단, 노사가 추후 별도로 합의할 경우 일부 본사 근로자도 적용 할 수 있다.

제3조 (단위 기간)

이 합의서의 단위기간은 2주 이내로 한다.

제4조 (근로시간)

2주 이내 탄력적 근로시간제 단위기간에 있어서 1일의 근로시간, 시업시간, 종업시간 및 휴게시간은 현장별 사정에 따라 별도 계획에 의거하여 실시하되, 그 구체적 내용은 "근로자대표"와 서면 합의해야 한다. 종전 계획을 변경하는 경우도 위와 같다.

제5조 (휴일)

단위기간 중 주2일(토, 일요일)은 휴무하되, 휴일은 일요일로 한다.

제6조 (적용제외)

연소근로자(15세이상 18세 미만자)와 임부(임신 중인 여성근로자)에게는 본 합의를 적용하지 아니한다.

제7조 (가산임금)

2주 평균하여 1일 8시간, 1주 40시간을 초과한 경우 통상임금의 50%를 가산임금으로 지급한다.

제8조 (유효기간)

본 합의의 유효기간은 202 년 1월 1일부터 1년간 유효하다.

202 .   .   .

0000주식회사   전국0000노동조합

대표이사   00지부 위원장 0 0 0

5. 대법원 판결(2021.10.14. 선고 2021다227100) 이후 행정해석을 변경 주요 Q&A

Q1 / 연차휴가제도란?

• 사용자는 1년간 80%이상 출근한 근로자에게 15일의 유급휴가를 주어야 하며(제60조제1항),

– 계속근로 1년 미만 또는 1년간 80% 미만 출근한 근로자에게는 1개월 개근 시마다 1일의 유급휴가를 주어야 함. (제60조제2항)

⇒ 입사 후 1년 미만일 때는 1개월에 1일씩 연차가 주어지다가(11개월까지 최대 11일), 근속기간이 1년이 되고 그중 80% 이상 출근하면 2년차에 사용할 15일의 연차가 추가로 주어짐.

• 과거에는 1년간 80% 이상 출근으로 받은 2년차의 15일 연차에서 1년차에 사용한 연차만큼 제외하는 조항이 있었으나(제60조제3항)

– '17.11.28. 근속기간 2년 미만 근로자의 휴가권을 보장하기 위해 삭제되어, 현재는 입사 후 1년 미만일 때 1개월 개근 시마다 주어지는 최대 11일 이외에, 1년간 근로를 마치고 그중 80% 이상 출근하면 2년차에 사용할 15일을 별도로 주도록 규정.

근로기준법 제60조(연차 유급휴가

① 사용자는 1년간 80퍼센트 이상 출근한 근로자에게 15일의 유급휴가를 주어야 한다.

② 사용자는 계속하여 근로한 기간이 1년 미만인 근로자 또는 1년간 80퍼센트 미만 출근한 근로자에게 1개월 개근 시 1일의 유급휴가를 주어야 한다.

③ 〈삭제〉 사용자는 근로자의 최초 1년간의 근로에 대하여 유급휴가를 주는 경우에는 제2항에 따른 휴가를 포함하여 15일로 하고, 근로자가 제2항에 따른 휴가를 이미 사용한 경우에는 그 사용한 휴가 일수를 15일에서 뺀다.

Q 2 / 연차휴가와 연차 미사용 수당의 관계는?

• 근로자가 연차휴가를 사용하지 않고 금전으로 받는 보상을 연차 미사용 수당이라고 하는데,

– 연차휴가 제도의 취지를 고려하면 "휴가를 사용할 수 있는 기회"가 먼저 주어지고, 이를 사용하지 않았을 때 수당으로 청구하는 것이 원칙.

• 따라서, 전년도 1년간 80% 이상 출근으로 주어진 15일의 연차휴가는 금년 1년간 사용할 수 있고, 금년 중에 사용하지 않으면 내년에 그 미사용 연차 일수만큼을 수당으로 청구할 수 있음. (소멸시효 3년)

– 또한 금년 중에 퇴직 등으로 근로관계가 종료되는 경우에도 그동안 사용하지 못한 연차 일수만큼을 미사용 수당으로 청구할 수 있음.

• 다만 '전년 1년간(365일)의 근로를 마치고 바로 퇴직'하거나 '연초에 퇴직'하는 경우에는,

– 연차를 사용할 수 있는 날이 아예 없거나 부족하므로 그 미사용 연차 수당을 얼마만큼 인정해야 주어야 하는지의 문제가 발생함.

• 이에 대해 고용부는 그동안 다음의 두 가지 해석이 가능하다고 보았음.

A. "수당청구권"은 휴가사용권에 부수되는 권리로서, 먼저 휴가를 사용할 수 있는 날이 있어야 하고, 그 휴가를 사용하지 않았을 때 수당으로 청구할 수 있다는 해석(과거 근로에 대한 보상+휴식권 모두 고려)

B. 휴가를 사용할 수 있는 날이 있었는지와는 관계없이 일단 휴가를 사용하지 못하게 되면 곧바로 "수당 청구권"이 인정된다는 해석(과거 근로에 대한 보상적 측면을 중시)

• '21.10.14. 대법원은 1년(365일) 근로 후 퇴직한 계약직 근로자의 경우 1년간 80% 이상의 출근율 요건을 충족했다 하더라도 그 1년의 근로를 마친 다음날 근로자의 지위에 있지 않아 15일의 연차가 발생하지 않고, 연차 미사용 수당도 청구할 수 없다고 보았음

Q3 / 기존 고용부 행정해석과 이번 대법원 판결은 차이점은?

• 1년간 80% 이상 출근 시 주어지는 15일 연차에 대한 미사용 수당에 대해 대법원은 366일째 근로관계가 있어야 청구 가능, 우리부는 365일 근로했으면 청구 가능하다고 본 것임.

• 이 쟁점은 근로기준법 제60조①에 따른 "사용자는 1년간 80% 이상 출근한 근로자에게 15일의 유급휴가를 주어야 한다."는 규정을 어떻게 해석할 것인가의 문제인데,

 ‒ 대법원은 1년간 80% 이상 출근했다 하더라도 "연차휴가를 사용할 권리는 그 전년도 1년간의 근로를 마친 다음 날 발생"하므로 366일째에 근로자의 지위에 있지 않은 1년 계약직 근로자는 연차 미사용 수

당을 청구할 수 없다고 본 것임.

– 반면, 고용부는 근로기준법 규정의 법문*과 '05년 대법원 판결의 취지에 따라 "1년(365일) 계약직"으로 근로하고 바로 퇴직하더라도 그 1년 중 80% 이상 출근율 요건을 충족했다면, 그에 대한 보상으로서 15일 연차가 주어지는데, 퇴직을 하면 이를 사용할 수는 없지만 15일분의 연차 미사용 수당 청구는 가능하다고 본 것임.

* (근로기준법 제60조①) 사용자는 1년간 80퍼센트 이상 출근한 근로자에게 15일의 유급휴가를 주어야 한다.

Q 4 / 그동안 고용부가 "1년 계약직"으로 근로하고 퇴직한 경우 최대 26일분의 연차 미사용 수당을 청구할 수 있다고 본 이유는?

• '05.5.27. 대법원 판결에 따라 '06.9.21. 행정해석을 변경한 바, 그 내용은 1년간 근로하면서 80% 이상의 출근율 요건을 충족했다면 바로 퇴직하더라도 연차휴가를 사용할 수는 없지만, 그 미사용 연차를 수당으로 청구할 수 있다는 것이었음.

– 한편 '17.11.28. 근로기준법이 개정되어, 2년차 연차 15일에서 1년차에 사용한 연차일수를 빼도록 했던 규정이 삭제되어, 1년차 최대 11일의 연차가 별도로 주어지게 됨.

• 이에 따라 "1년 계약직"은 1년간 80%이상 출근율 충족으로 주어지는 15일의 연차와 별도로 1년차에 매월 개근 시마다 1일씩 11일의 연차가 별도로 주어지는데, 만약 그동안 발생한 연차를 전혀 사용하지 않고 퇴직하는 경우에는 결과적으로 그 전부를 수당으로 청구할 수 있다고 보았던 것임.

〈참고: 05년 대법원 판결에 따른 행정해석의 변경과정〉

1. 과거 고용부 해석 (06.9.21.이전)

• 연차휴가의 ①과거 근로에 대한 보상적 측면과 ②휴식의 기회를 제공하려는 측면을 모두 고려하여 해석하였음(Q2의 A 해석)

  – 즉 1년 근무(1.1 ~ 12.31) 후 '바로 퇴직할 경우'는 연차휴가를 사용할 수 있는 날이 없었으므로 미사용 수당을 청구할 수 없고

  – '다음 연도 초에 짧게 근로하고 퇴직한 경우'에도 퇴직 전까지 사용이 가능했던 연차의 일수만큼만 수당을 청구할 수 있다고 해석

⇒ 1년 근로 후 바로 퇴직하면 불인정, 1일 더 근로 후 퇴직하면 1일, 2일 더 근로 후 퇴직하면 2일. 15일 더 근로 후 퇴직하면 15일 인정

2. '05.5.27. 대법원 판결 등

• 연차휴가는 "1년간 소정 근로를 마친 대가로 확정적으로 취득"하며,

  – 따라서 휴가권 취득 후 "이를 사용하기 전에 퇴직" 등 근로관계가 종료된 경우 근로관계 존속을 전제로 하는 휴가 사용권은 소멸하지만

  – 근로관계의 존속을 전제로 하지 않는 수당 청구권은 그대로 잔존하는 것이므로 근로자는 미사용 휴가 전부에 상응하는 수당을 청구할 수 있다는 취지로 판시함.

〈대법 2005.5.27. 선고 2003다48549, 48556〉

연차유급휴가를 사용할 권리는 근로자가 1년간 소정의 근로를 마친 대가로 확정적으로 취득하는 것이므로 근로자가 일단 연차유급휴가권을 취득한 후에 연차유급휴가를 사용하기 전에 퇴직 등의 사유로 근로관계가 종료된 경우 근로관계의 존속을 전제로 하는 연차휴가를 사용할 권리는 소멸한다 할지라도 근로관계의 존속을 전제로 하지 않는 연차휴가수당을 청구할 권리는 그대로 잔존하는 것이어서 근로자는 사용하지 못한 연차휴가일수 전부에 상응하는 연차휴가수당을 사용자에게 청구할 수 있다.

- '13년, '14년에도 연차휴가 미사용 수당을 전년도 근로에 대한 대가로서의 "임금"이라고 판단하여, 연차휴가의 보상적 측면을 강조 (2011다4629, 2011다95519

3. '06.9.21. 행정해석 변경

- 고용부는 대법원 판결의 취지에 따라 해석을 변경(Q2의 B 해석)
– 연차휴가의 사용 가능 일수에 관계없이 일단 "연차를 사용하지 못하게 되면 곧바로 수당을 청구"할 수 있다고 해석
– 1년간(365일) 근로관계가 존속하고, 그 중 80% 이상 출근하면, 15일의 연차휴가권을 확정적으로 취득하고, 그 휴가권을 다음날 "사용하기 전에 퇴직"하더라도 모두 수당으로 청구 가능하며
– 마찬가지로 "1년(365일) 계약직"이 1년 근무 후 바로 퇴직하더라도 1년 중 80% 이상 출근율 요건을 충족했다면, 15일 연차를 사용할 수는 없지만 15일분 연차 미사용 수당 청구는 가능하다고 해석하였음.

4. 1년 계약직 근로자에 대한 연차 최대 26일 부여의 근거

- '17.11.28. 2년 미만 근로자의 휴가권을 보장하려는 취지로 근로기준법이 개정되어 제60조③(2년차 15일의 연차에서 1년차 사용 연차 공제규정)이 삭제되었고, 이에 따라 1년 차에 11일의 연차를 별도로 부여하도록 변경됨.
– 법 개정에 따라 "1년(365일) 근무"하면서 매월 개근하면 그때마다 월 1일씩 최대 11일의 연차가 별도로 주어지고, 1년의 근무를 마치고 그 중 80% 이상 출근한 경우 2년 차에 사용할 15일이 부여되는 것으로 봄. ('06.9.21. 이후의 행정해석)
⇒ 결과적으로 해당 근로자가 연차를 전혀 사용하지 않고 퇴직할 경우에는 (1년 계약직이라도) 미사용 연차(최대 26일분) 전부를 수당으로 청구할 수 있다고 보았음.

Q 5 / 행정해석 변경의 주요 내용은?

• '21.10.14. 대법원 판결의 취지에 따라 전문가 자문을 거쳐 변경한 행정해석*의 주요 내용은 다음과 같음.

 * 「연차유급휴가청구권 · 수당 · 근로수당과 관련된 지침」을 개정.

① 근기법 제60조①의 연차휴가 사용 권리는 전년도 1년간 근로를 마친 다음 날 발생하며, 제60조②의 연차휴가 사용 권리도 1개월의 근로를 마친 다음 날 발생.

② 정규직 · 계약직 모두 1년(365일) 근로 후 퇴직하면 제60조①의 15일 연차 미사용 수당을 청구할 수 없고, 다음 날인 366일째 근로관계 존속 후 퇴직하면 15일 연차 전부에 대해 수당 청구 가능.

 – 제60조②의 연차휴가도 그 1개월 근로를 마친 다음 날 근로관계 존속 후 퇴직해야 퇴직 전월의 개근에 대한 연차 미사용 수당 청구 가능.

③ 정규직이 마지막 근무하는 해 1년(365일) 근무하고 퇴직하는 경우, 80% 출근율을 충족하더라도 제60조① · ④의 연차휴가 · 가산휴가에 대한 미사용 수당 청구 불가.

Q 6 / 1년 1일을 근로하고 퇴직한 근로자의 연차휴가일수는?

• 이 경우 1년의 근로를 마친 다음날(366일째) 근로관계가 있으므로 1년 미만일 때 1개월 개근 시마다 주어지는 연차 최대 11일(제60조제2항)과 함께, 1년간 80% 이상 출근율 요건을 충족함에 따라 주어지는 15일의 연차(제60조제1항)도 확정적으로 발생하여 최대 26일이 됨.

(제60조제1항) 1년간 출근율 80% 이상

(제60조제2항) 입사일로부터 1개월 단위 개근(결근이 없는 경우)

• 이에 따라 근로자가 1년 1일을 근로하고 퇴직할 경우, 미사용한 연차휴가 모두(최대 26일)를 수당으로 청구할 수 있음.

Q7 / 만 7개월 근로(예: 1.1~7.31.) 후 퇴직한 경우 발생되는 연차휴가 일수는?

• 제60조제2항에 따라 1년 미만인 근로자가 1개월 개근 시마다 발생하는 1일의 연차휴가도 그 1개월의 근로를 마친 다음날 근로관계가 있어야 함.

• 따라서, 7개월째 개근한 경우라도 그 다음날 근로관계가 없으므로 연차휴가일수는 최대 6일만 발생함.

Q8 / 만 3년 근로(예: '21.1.1.~'23.12.31.)하고 퇴직한 경우 마지막 1년에 대한 연차휴가 및 가산휴가는?

• 만 3년 근로했다면 그 마지막 해의 다음날 근로관계에 있지 않으므로 마지막 1년간 80% 이상 출근율에 따른 연차휴가는 발생하지 않고, 같은 조 제4항에 따른 가산휴가*도 발생하지 않으며 이에 따라 마지막 해의 근로에 따른 연차휴가와 가산휴가에 대한 미사용 수당을 청구할 수 없음.

* 계속하여 근로한 기간이 3년 이상인 근로자에 대해서는 최초 1년을 초과하는 매 2년마다 1일씩 가산하여 유급휴가를 부여하며, 가산휴가를 포함한 총 휴가 일수는 25일을 한도로 함.

6. 국립공주병원 고충처리 규정

[시행 2014. 9. 15.] [국립공주병원예규 제280호, 2014. 9. 15., 일부개정]　　　　　−국립공주병원(서무과), 041-850-5711

제1조(목적)

이 규정은 국가공무원법 제76조의 2 및 공무원고충처리규정(이하 "규정"이라 한다)에 의하여 국립공주병원 소속 6급 이하 공무원의 인사상담 및 고충심사에 관한 보통고충심사위원회(이하 "위원회"라 한다)의 구성과 심사절차 등을 규정함을 목적으로 한다.

제2조(위원회의 구성 등)

① 위원회는 위원장 1인을 포함한 5인이상 7인이하의 위원으로 구성한다.

② 위원장은 의료부장이 되고, 위원은 위원회를 개최할 때마다 고충심사청구인(이하 "청구인"이라 한다)보다 상급자 중에서 원장이 임명하는 자와 서무과장으로 한다.

③ 위원장은 위원회의 회의를 소집하고 그 의장이 된다.

④ 위원장이 사고로 인하여 그 직무를 수행할 수 없을 때에는 서무과장이 그 직무를 대행한다.

제3조(사무직원)

① 위원회에 간사 및 서기 각 1인을 두되, 간사는 서무주무가 되고, 서기는 당해 업무담당자가 된다.

② 간사는 위원회의 사무를 처리하며, 서기는 간사를 보조한다.

제4조(고충심사대상의 범위)

① 규정 제2조의 규정에 의한 근무조건 · 인사관리 기타 신상문제에 대한 인사상담 및 고충심사(이하 "고충심사"라 한다)대상의 범위는 다음과 같다.

1. 근무조건

가. 봉급 및 수당 등 보수에 관한 사항

나. 근무시간 · 휴식 및 휴가에 관한 사항

다. 업무량 · 작업도구 · 시설안전 및 보건위생 등 근무환경에 관한 사항

2. 인사관리

가. 승진, 전직 및 전보 등 임용에 관한 사항으로서 임용권자의 재량행위에 속하는 사항

나. 근무성적평정 · 경력평정 · 교육훈련 및 복무 등 인사행정의 기준에 관한 사항

다. 상훈 및 제안 등 업무성취에 관한 사항

3. 기타 신상문제

가. 성별 · 종교별 및 연령별 등에 의한 차별대우.

나. 기타 개인의 정신적 · 심리적 · 신체적 장애로 인하여 발생되는 직무수행과 관련된 사항.

② 소청의 대상이 되는 사항 · 감사원의 변상판정 · 기타 결정에 관한 사항이나 연금급여에 관한 사항 등 다른 법령에 의하여 처리되는 사항은 그 법령의 절차에 의하지 아니하면 처리될 수 없는 것이므로 고충심사의 대상에서 제외되나, 이미 접수가 된 때에는 적절히 처리될 수 있도록 안내 또는 자문해 주어야 한다.

제5조(고충심사의 청구 등)

① 심사청구는 규정 제4조의 규정에 의한 인사담당 및 고충심사청구서(이하 "청구서"라 한다)로 하여야 하나, 구두로 청구한 때에는 사후 보완하도록 하여야 한다.

② 청구서가 접수되면 위원장은 담당위원을 지정하고, 간사는 고충심사청구배 당부에 등재 후 조사담당자를 지정하여야 한다.

③ 조사담당자는 지정받은 청구서를 검토하여 별지 제1호서식의 청구서처리전과 별지 제2호서식의 청구처리점검표를 작성하여 담당위원과 위원장의 결재를 받아야 한다.

제6조(청구서의 보완요구)

제5조제2항의 규정에 의하여 지정받은 담당위원은 청구서의 내용을 검토하고, 그 결과 보완을 필요로 하는 사항에 대하여는 접수한 날로부터 7일 이내에 상당한 기간을 정하여 규정 제5조에 따라 별지 제3호서식에 의하여 보완을 요구하여야 한다.

제7조(접수통지 및 자료요구 등)

① 위원회는 제6조의 조치가 끝난 후 청구인의 관련부서에 별지 제4호서식에 의하여 접수·통지를 하고 필요한 경우에는 변명서를 요구할 수 있다.

② 제1항의 규정에 의하여 청구인의 관련부서로부터 관계자료 등이 접수되면 조사담당자는 별지 제5호서식에 의한 청구관계자료처리전을 작성하여 담당위원에게 보고하여야 한다.

제8조(사실조사)

① 담당위원이 필요하다고 인정할 때에는 청구당사자·증인 또는 참고인을 환문하거나, 사실조사 및 관계부서에 대한 자료조사 등 필요한 사실조사를 할 수 있다.

② 제1항의 규정에 의한 사실조사시 조사담당자는 문답서를 별지 제6호서식에 의거 작성하여야 한다.

③ 담당위원이 청구당사자 기타 관계인을 출석시켜 사실조사를 할 경우에는 별지 제7호서식에 의거 작성하여야 한다.

제9조(인사상담)

인사상담을 지정받은 담당위원은 빠른 시일내에 청구인과 직접 면담을 통한 상담을 하고, 그 결과를 위원회에 보고하여야 한다. 이 경우 상담 내용의 비공개를 요청받은 부분에 대하여는 그 뜻이 존중되어져야 한다.

제10조(고충심사)

고충심사를 지정받은 담당위원은 제8조의 규정에 의한 사실조사가 끝난 후 심사보고서를 별지 제8호서식에 의거 즉시 작성하여 위원회에 회부하여야 한다.

제11조(심사기일의 통지)

위원회는 고충심사를 위하여 청구당사자 기타 관계인의 출석을 필요로 하는 경우에는 규정 제8조에 의하여 심사일시 및 장소를 별지 제9호서식에 의거 통지하여야 한다.

제12조(취하)

청구인은 위원회의 결정이 있을 때까지 청구의 일부 또는 전부를 취하할 수 있다.

제13조(심사회의)

① 위원회의 심사회의(이하 "심사회의"라 한다)는 청구인의 청구서가 위원회에 접수된 때 또는 위원장이 필요할 때마다 개최한다.

② 심사회의는 위원장, 위원, 간사, 조사담당자, 청구당사자 및 증인 등 관계인만이 참석한다.

③ 심사회의에 참석한 간사는 별지 제10호서식에 의한 심사조서를 작성하고 참석한 위원의 서명을 받아야 한다.

제14조(심사기준)

위원회의 위원과 직원은 인사상담이나 고충심사를 함에 있어서 다음과 같은 심사기준을 지켜야 한다.

1. 고충심사는 공무원의 권익을 보장하고 국가발전을 지원할 수 있는 방향으로 처리되어야 한다.

2. 고충처리를 통하여 공무원의 근무의욕과 사기를 앙양시키고, 원활하고 능률적인 직무환경이 조성되도록 하여야 한다.

3. 고충심사에 있어서는 비밀을 유지하고, 정확한 판단과 신중한 태도로 공정 · 신속하게 처리하여야 한다.

제15조(결정)

① 고충심사의 결정은 재적위원 과반수의 합의에 의한다.

② 고충심사에 대한 결정내용은 1. 시정요청, 2. 기각, 3. 각하로 하되, 권장사항 등의 의견을 첨부할 수 있다.

③ 결정서에는 청구의 취지 및 결정의 이유가 기재되어야 한다.

④ 담당위원은 심사결정일로부터 10일이내에 별지 제11호서식에 의한 결정문안을 작성하여 위원장의 결재를 받아야 한다.

제16조(결정서의 작성 및 송부)

① 위원회가 고충심사청구에 대하여 결정을 한 때에는 결정서를 작성하고, 위원장과 출석한 위원이 서명·날인하여야 한다.

② 결정서가 작성된 경우에는 지체없이 원장에게 송부하여야 하며, 결정서를 송부 받은 원장은 심사결과를 청구인에게 통지하는 외에 스스로 고충해소를 위한 조치를 하거나 관계부서의 장에게 필요한 조치를 요청하여야 한다.

제17조(처리결과의 보고)

원장은 별지 제12호서식에 의한 고충심사처리결과 및 조치사항을 조치후 10일이내에 장관에게 보고하여야 한다.

제18조(기록의 보관)

고충심사에 관한 기록은 담당직원이 간인하여 정리한 후 보관한다.

부칙 〈제280호, 2014. 9. 15.〉

이 규정은 2014년 9월 15일부터 시행한다.

7. 통상임금에 관한 대법원 전원합의체 판결 선고

(제1판결: 대법원 2013.12.18.선고 2012다89399 전원합의체 판결)

(제2판결: 대법원 2013.12.18.선고 2012다94643 전원합의체 판결)

 − 정기상여금이 통상임금에 해당함을 명확히 인정하고 그 외에 어떠한 임금이 통상임금에 포함되는지 여부에 관한 판단기준을 제시하면서 다만 정기상여금을 포함한 통상임금에 기초한 추가임금 청구가 신의성실의 원칙에 위반될 수 있다는 점을 밝힘 −

1. 주요 판시 내용

• 어떠한 임금이 통상임금에 속하는지 여부는 그 임금이 소정근로의 대가로 근로자에게 지급되는 금품으로서 정기적·일률적·고정적으로 지급되는 것인지를 기준으로 그 객관적인 성질에 따라 판단하여야 하고, 임금의 명칭이나 그 지급주기의 장단 등 형식적 기준에 의해 정할 것이 아닌바, 일정한 대상기간에 제공되는 근로에 대응하여 1개월을 초과하는 일정기간마다 지급되는 정기상여금은 통상임금에 해당하나(제1판결), 근로자가 소정근로를 했는지 여부와는 관계없이 지급일 기타 특정 시점에 재직 중인 근로자에게만 지급하기로 정해져 있는 임금은 '소정근로'에 대한 대가의 성질을 가지는 것이라고 보기 어려울 뿐 아니라 근로자가 임의의 날에 연장·야간·휴일 근로를 제공하는 시점에서 재직 중이라는 그 지급조건이 성취될지 여부가 불확실하므로 고정성도 결여한 것으로 보아야 하므로, 통상임금에 해당하지 아니함(제1, 2판결)

• 법률상 통상임금에 해당하는 정기상여금 등을 통상임금 산정에서 제외하기로 하는 노사합의는 근로기준법에 위반되므로 무효임을 확인함. 다만, '정기상여금'에 있어서, 노사가 통상임금에 해당하지 않는다고 신뢰하여 이를 통상임금 산정에서 제외하기로 합의하고 이를 토대로 임금총액 및 다른 근로조건을 정한 경우에,

① 기업의 한정된 수익 범위 내에서 세부항목별이 아닌 총액을 기준으로 임금 등을 정하는 것이 일반적이므로, 노사는 정기상여금이 통상임금에 포함됨을 알았다면 다른 조건을 변경하여 합의된 종전 총액과 차이가 없도록 조정하였을 것이고,

② 정기상여금이 통상임금 산정에서 제외된 부분만을 무효로 주장하며 근로자가 추가임금을 청구할 수 있다면, 노사합의에 따른 임금은 모두 지급받으면서, 그 합의된 조건이 무효라며 기업의 한정된 수익을 넘는 추가임금을 지급받게 되는 결과가 되므로, 근로자의 추가임금 청구로 인해 예상 외의 과도한 재정적 부담을 안게 된 기업에게 중대한 경영상 어려움이 초래되는 것은, 정의와 형평 관념에 비추어 용인될 수 없는바, 이러한 경우에 한해서는 근로자의 추가임금 청구가 신의성실의 원칙에 위반되어 허용될 수 없음(제1판결).

• 제1판결 사건의 원심은 신의칙 위반 여부에 대한 심리가 미진하여 파기환송, 제2판결 사건의 원심은 특정 시점에 재직 중인 근로자에게만 지급되는 것으로 볼 여지가 있는 각종 금품의 통상임금 해당 여부에 대한 심리가 미진하다는 등의 이유로 파기환송.

2. 이번 판결의 의미

1) 판결의 취지

• 대법원은 이번 전원합의체 판결로, 그간 사회적으로 많은 논란과 혼선이 있었던 통상임금의 개념과 요건에 관하여 구체적이고 명확한 법적기준을 제시함으로써, 근로현장에서 통상임금 산정과 관련된 분쟁의 소지를 없애고자 하였음. (구체적인 기준은 별지 참조)

• 정기상여금이 통상임금에 해당한다는 점 및 소정근로 제공과 관계없이 지급일 기타 특정 시점에 재직 중인 근로자에게만 지급하기로 정해져 있는 임금은 통상임금이 아니라는 점을 명확히 하였음.

• 나아가 노사합의로 법률상 통상임금에 해당하는 정기상여금 등을 통상임금 산정에서 제외하기로 합의하였더라도 이는 근로기준법에 위반되어 무효임을 법리적으로 확인하고 선언하였음.

• 한편 '정기상여금'의 경우에는, 그와 같은 노사합의가 무효임이 명백히 선언되기 전에 정기상여금을 통상임금에서 제외하기로 노사가 합의한 사업장에서, 근로자가 그 합의의 무효를 주장하며 추가임금을 청구하는 것이 신의성실의 원칙상 허용되지 않을 수 있고, 그에 해당하기 위한 요건을 명확히 제시하였음(이 판결의 사안은 그에 해당하는지 여부에 대한 심리가 미진하여 원심을 파기하고 환송하였음)

• [결론에 이르기까지의 심리과정] 대법원은 사회적인 논란과 분쟁

이 적법한 절차에 따라 사법적으로 원만히 해결될 수 있어야 한다는 실질적 법치주의 실현의 헌법적 책무를 다하기 위하여, 공개변론 등을 통해 문제로 제기된 많은 쟁점과 고려 요소들에 대하여 당사자와 전문가들의 변론을 경청하였고, 장시간에 걸친 진지한 심리와 토론을 거쳐 위와 같은 결론을 내렸음.

• 이 대법원 판결이 제시하고 있는 여러 원칙과 기준에 따라 통상임금과 관련되어 제기되고 있는 여러 법적인 문제들이 원만히 해결될 수 있을 것으로 기대됨.

2) 이 판결에 따른 주요 법률관계

• 근로자는 이 판결이 제시한 기준에 따라 법률상 통상임금에 해당하는 임금을 통상임금 산정에 포함하여 다시 계산한 추가임금을 청구할 수 있음.

• '노사합의'로 법률상 통상임금에 해당하는 임금을 통상임금에서 제외시킨 경우에도 그러한 노사합의는 무효이므로 추가임금을 청구할 수 있는 것이 원칙이나, 정기상여금에 기한 추가임금 청구는 다음과 같이 신의칙에 의해 제한될 수 있음.

• (신의칙상 추가임금 청구가 허용되지 않는 경우 : 신의칙 적용 요건) ① 정기상여금의 경우에, ② 이 판결로 정기상여금을 통상임금에서 제외하는 노사합의가 무효임이 명백하게 선언되기 이전에 노사가

정기상여금이 통상임금에 해당하지 않는다고 신뢰한 상태에서 이를 통상임금에서 제외하는 합의를 하고 이를 토대로 임금 등을 정하였는데, 근로자가 그 합의의 무효를 주장하며 추가임금을 청구할 경우 예측하지 못한 새로운 재정적 부담을 떠안게 될 ③ 기업에게 중대한 경영상 어려움을 초래하거나 기업의 존립 자체가 위태롭게 된다는 사정이 인정된다면, 추가임금의 청구는 신의칙에 반하여 허용되지 아니함.

　- 정기상여금에 한정된 문제임. (그 밖의 임금은 신의칙 적용 여지 없음)

　- 통상임금 제외 합의가 없거나 합의를 하였더라도 위와 같은 사정들이 인정되지 않는다면 신의칙 적용되지 않으므로 추가임금을 청구할 수 있음.

3. 반대의견과 별개의견, 보충의견(2012다89399 사건)

• 반대의견 : 대법관 이인복, 이상훈, 김신

　- 신의칙 적용에 관한 반대의견임.

　- 법률상 통상임금에 해당하는 정기상여금 등을 통상임금 산정에서 제외하기로 하는 노사합의가 강행규정인 근로기준법에 위반되어 무효임에도 불구하고, 다수의견은 신의칙을 근거로 그 무효주장을 제한할 수 있다고 하지만, 이는 강행규정의 입법취지를 몰각시키는 결과이므로 부당하고, 신의칙을 적용하기 위한 일반적인 요건을 갖추지 못한 경우일 뿐만 아니라 다수의견이 제시한 신의칙위반의 근거나 기준에 합리성이 없기 때문에, 신의칙 적용에 찬성할 수 없음. (상고기각 의견)

• 별개의견 : 대법관 김창석

– 상여금이나 1개월이 넘는 기간마다 지급되는 수당은 정기적·일률적·고정적으로 지급되는 것이라도 통상임금에 포함될 수 없으므로, 다수의견 및 반대의견을 받아들일 수 없다는 취지의 별개의견을 제시함. (원심파기 의견)

• 보충의견 : 대법관 김용덕, 고영한, 김소영

노사가 임금협약 당시에 미처 예상하지 못했던 사정으로 인해, 공동의 이익을 추구해 온 노사 간의 상호 신뢰가 깨지고 쌍방이 의도한 것과 현저히 다른 결과가 발생하게 된다면, 신의칙을 적용하여 이를 형평에 맞게 조정할 수 있는 것이고 이것이 신의칙이 수행하는 기능 중의 하나이므로, 신의칙 적용에 관한 다수의견은 충분히 근거가 있고 합리적인 견해라는 취지의 보충의견.

－2012다89399_대법원전원합의체판결문(통상임금)(20131218